PROYECTOS NEUROE

INFANTIL

Ana María González Herrera (Prólogo)
Mejor Docente de España - Educación Infantil

La Educación es el pilar donde se sustenta la vida en esencia, donde radica la autenticidad de la infancia y el origen de las primeras experiencias.

Cada espacio, cada lugar escogido, cada detalle que ambienta y define nuestro lugar sagrado de aprendizaje, debe ser cuidado al detalle y organizado sensiblemente. No solo se trata de diseñar y articular estrategias de programación, sino de diseñar y definir cómo haremos realidad nuestras propuestas usando recursos que el ser humano lleva implícitos; recursos como la creatividad, la ilusión, la curiosidad, la sorpresa, el amor y la sensibilidad. Estos recursos de base natural y humana, aparecen en este libro, combinados con la innovación, la investigación, la excelencia y la magia de llevar al alumnado al desarrollo de todas las dimensiones, proyectando así, cada uno de los talentos que todos tenemos.

Las experiencias que se vierten en este libro buscan, como meta, la felicidad vital de muchos niños y niñas que esperan lo mejor de la escuela, que acuden a esta institución para aprender a vivir, a confiar, a compartir, a empatizar y a reconocer cada una de las emociones necesarias para avanzar en el respeto, la paz y la tolerancia, en definitiva, para aprender a ser seres socialmente competentes.

Qué importante es aprender jugando, descubriendo y siendo capaz de construir a partir de situaciones que nos vinculen con nuestras propias experiencias y que den respuesta a todo cuanto necesitamos saber. No estamos descubriendo nada si exponemos la importancia de jugar siempre, de aprovechar ese lado lúdico de todas las cosas que afortunadamente forman parte de la cotidianidad.

En Educación Infantil y a través de estas propuestas, podremos evidenciar y descubrir la magia de activar nuestro cerebro y la capacidad versátil que nos permite emocionarnos, sentir y motivarnos, estableciendo relaciones proactivas de desarrollo.

Este libro busca la conexión con la neurociencia y la neuroeducación, entendiendo que no son una moda, sino la puerta al aprendizaje de manera significativa, funcional y evidente; la puerta a la necesidad de emocionarse construyendo, proponiendo y aprendiendo en equipo, desde la perspectiva social del desarrollo, desde el concepto de sistema que nos invade y nos hace resilientes, proactivos y libres para dar respuesta a cada una de las metas propuestas. Somos seres únicos e irrepetibles, pero a la vez somos parte de un todo que nos compromete, nos vincula y nos define; nos incluye, nos forja y nos da identidad global.

Este libro es muy necesario porque alberga propuestas diferentes, atrevidas y que permitirán impregnar de color y calidad las prácticas educativas que habitan las escuelas y que nos van a permitir mejorar la Educación de manera sensible, afectiva y real.

Primera edición: agosto 2023.

Copyright © 2023: Desire Abad Esteban, Ana Isabel Agudo Martínez, Paula Alegre Jiménez, Naia Amondarain Joven, Olatz Aranburu Iraeta, María de los Ángeles Aranda Castellón, Beatriz Arteaga Valero, Lourdes Ayllón Benavent, Nuria Balaguer Ases, Laura Baños Jiménez, Laura Belda Solera, Marta Beltrán Segura, Ruth Bernal Nicolás, Roser Borja Pons, Tamara Bou Mahiques, Celia Callizo Cebollero, Andrea Calomarde Martín, Victoria Cano Galant, Isabel Cano García, Irene Collado Mendoza, Beatriz Carmona Carmona, Lorenzo Carrión Campos, María Carvajal Navarro, Nereida Acoraida Castrillo Domínguez, Emi Ceacero Mimbrera, Juan Ángel Collado Martínez (coord. y ed.), María Jesús Corchero Mariscal, Sara Córdoba Aranda, Lucía Corrales Fernández, Sara Corts Aparicio, Javier Cumplido Portillo, Carla Del Olmo Ferrando, Lucía Echarri Morejón, Vanessa Espinosa Díaz, Gema Fontestad Esteve, Mercedes Ferrer Guillén, Natalia Gallego Sánchez, Jennifer García Aguilar, Toni García Arias (prólogo de Primaria), Ana García Castillo, Inmaculada García Medina, Alicia Gil Català, Alba Gómez Andreu, Cristina Gómez Resina, Marta Gómez Romero, Nerea González Gómez-Pimpollo, Ana María González Herrera (prólogo de Infantil), Irantzu Goyeneche Batiz, Rocío Grajera Lázaro, Noemi Hernández Delgado, Marta Herranz Martínez, Jessica Hinojo Fernández, Evelyn Jiménez Encinas, Ana Isabel Jiménez Rodríguez, Alberto Javier Lasheras Muñoz, María del Carmen León Santos, Guillermo Lledó Pons, Beatriz Longo Fernández, María Pilar López Cerro, Sandra López Marín, Marc Lloret Parra, Yolanda Lloret Signes, Beatriz Luna Lara, Marina Marco García, Belén Martínez Puyó, Maribel Mateo Giménez, Gloria Matos Pimienta, Paula Molino Orts, Aina Mollá Zaragozá, David Monje Marcos, Nefer Montalvo Campo, Nuria Montejano Martínez, Aitana Montero López, Elena Moreno Pérez, Rocío Morente Quero, María Muñoz Soto, Daniel Navarro Ardoy (coord.), Cristina Olaya de la Torre, María Luisa Olivares Martínez, Andrea Ordóñez Rivas, Ana Belén Pardo Salamanca (coord.), María del Carmen Parra López, Cristina Parrado Vidal, María Pascual Pueyo, Consuelo Ponce Cuenca, Cristina Roca Espiga, Maria Remedios Roca Ruiz, Yasmina Rincón Ortiz, Cecilia Rodríguez Alcántara, Maialen Rodríguez Miquelajauregui, Yurena Rodríguez Montserrat, Celia Rodríguez Rodríguez, Lida Mariela Romo-Leroux Pazmiño, Andrea Rodrigo Sánchez, María Isabel Ruiz Torreño, Rita Saavedra Percedo, Cristina Salazar Ortiz, Nidia de la Balma Sánchez García (autora del cuento), Laura Sánchez Pujalte (coord.), Antonia Sánchez Roca, Noelia Sánchez Sánchez, Raúl Satorre Moreno, Paula Serrano Oviedo, Cristina Suárez Izquierdo, Andrea Tarragona Gastea, María Torres Borja, Aina Serra Verger, Laura Urtet Pech, Natalia Vega López, Lucia Verdú López, Lidia Zúñiga Arenas.

Equipo de creatividad, diseño y marketing: José García Ruiz (coord.), Ángel Jiménez Rojo, Celia Morales Pérez (imágenes del cuento), Lidia María García Soler (diseño y formato), Jaime Zarco Dolz del Castellar.

Equipo de asesoramiento pedagógico y recursos humanos: María Cobaleda Cruz, Natalia Muñoz Fernández.

Equipo de inteligencia artificial: Borja Garzón Casado, Andrés Martínez Calderón.

Directores del proyecto: Juan Ángel Collado Martínez y Daniel Navarro Ardoy.

Marca registrada © Opospills, oposiciones con cerebro.

Título: **Proyectos Neuroeducativos en Educación Infantil. Situaciones de Aprendizaje para el Aula.**

ISBN (Papel): 9798393390969

RESERVADOS TODOS LOS DERECHOS. Queda prohibido reproducir, almacenar en sistemas de recuperación de la información y transmitir parte alguna de esta publicación, cualquiera que sea el medio empleado (electrónico, mecánico, fotocopia, impresión, grabación, etc.), sin el permiso de los titulares de los derechos de propiedad intelectual. Cualquier forma de reproducción, distribución, comunicación pública o transformación de esta obra solo puede ser realizada con la autorización de sus titulares, salvo excepción prevista por la ley.

ÍNDICE

AVENTURA EN EL MUSEO

Irene Collado Mendoza, Isabel Cano García

CON MUCHO GUSTO

Ana Isabel Agudo Martínez, Andrea Ordoñez Rivas, Beatriz Longo Fernández, Consuelo Ponce Cuenca, Francisca Sola Corpas, Naia Amondarain Joven, Natalia Vega López, Nerea González Gómez-Pimpollo

CREÁNDONOS JUNTOS

Ana García Castillo, Noemi Hernández Delgado, Marta Herranz Martínez, Maribel Mateo Giménez, Aina Mollá Zaragozá, Yurena Rodríguez Montserrat

UN VIAJE POR LAS EMOCIONES

Lourdes Ayllón Benavent, Mercedes Ferrer Guillén, Jennifer García Aguilar, Yolanda Lloret Signes, Sandra López Marín, Marina Marco García, Antonia Sánchez Roca

EMOCIÓN-ARTE

Sara Córdoba Aranda, Lucía Echarri Morejón

SUBE Y BAJA DE EMOCIONES TRICOLOR

Lida Mariela Romo-Leroux Pazmiño

UNA AVENTURA PIRATA ¡SÚBETE A BORDO DEL APRENDIZAJE!

María de los Ángeles Aranda Castell, Beatriz Carmona Carmona, Marta Gómez Romero, María del Carmen León Santos, Guillermo Lledó Pons , Rocío Morente Quero, María Luisa Olivares Martínez, Cristina Roca Espiga

EN LOS ZAPATOS DE FRIDA

Paula Alegre Jiménez, Tamara Bou Mahiques, María Carvajal Navarro, Sara Corts Aparicio, Evelyn Jiménez Encinas, Paula Molino Orts, Elena Moreno Pérez, Aina Serra Verger

SPOILER: PROYECTOS NEUROEDUCATIVOS EN EDUCACIÓN PRIMARIA

Prólogo de Toni García Arias

¡Qué alboroto! ¿Qué sucede hoy? Mi abuela no me ha despertado como siempre y además hoy está mamá y papá, ¡qué bien! ¿Hoy es mi cumpleaños? *No puede ser*, si lo celebramos este verano, ¿entonces?

"Mamá, abuelo... ¿dónde estáis?"

Vamos Mario, levanta, qué hoy es tu primer día de cole.

¿COLE?

Llevan todo el verano diciéndome que empiezo el *cole de mayores*, ¿qué será eso? En mi *guardería* estaban Andrés, Marta, Patricia, ah, sí, y quien nos cocinaba las galletas de avena tan buenas, Ana. Y, ahora, ¿quién cuidará de mí cuando mamá y el abu no estén?

Pequeño, despierta, ya es la hora. Tienes que tomarte la leche del desayuno. Y aquí en esta fiambrerita de la Patrulla llevas el almuerzo, te he puesto un bocadillito de queso y unas cerezas, como a ti te gusta. ¡Qué bien lo vas a pasar!

Pero, *mamá*, no conozco a nadie.

No te preocupes, enseguida harás *amiguitos y amiguitas*.

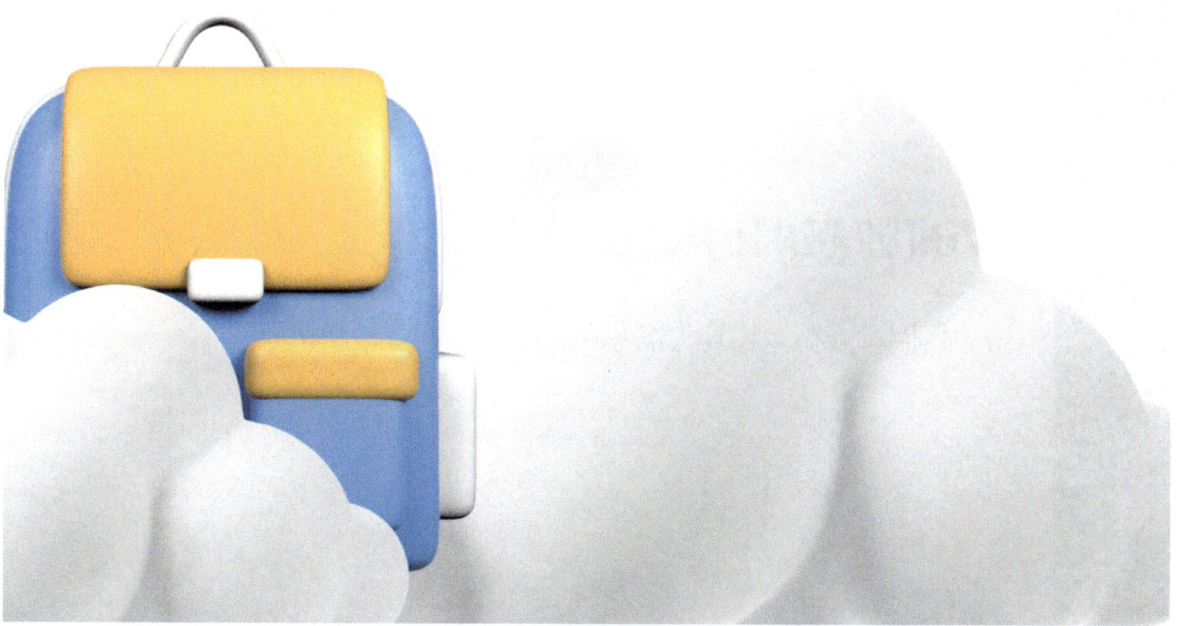

AVENTURA EN EL MUSEO

Irene Collado Mendoza, Isabel Cano García

AVENTURA EN EL MUSEO

IRENE COLLADO MENDOZA

ISABEL CANO GARCÍA

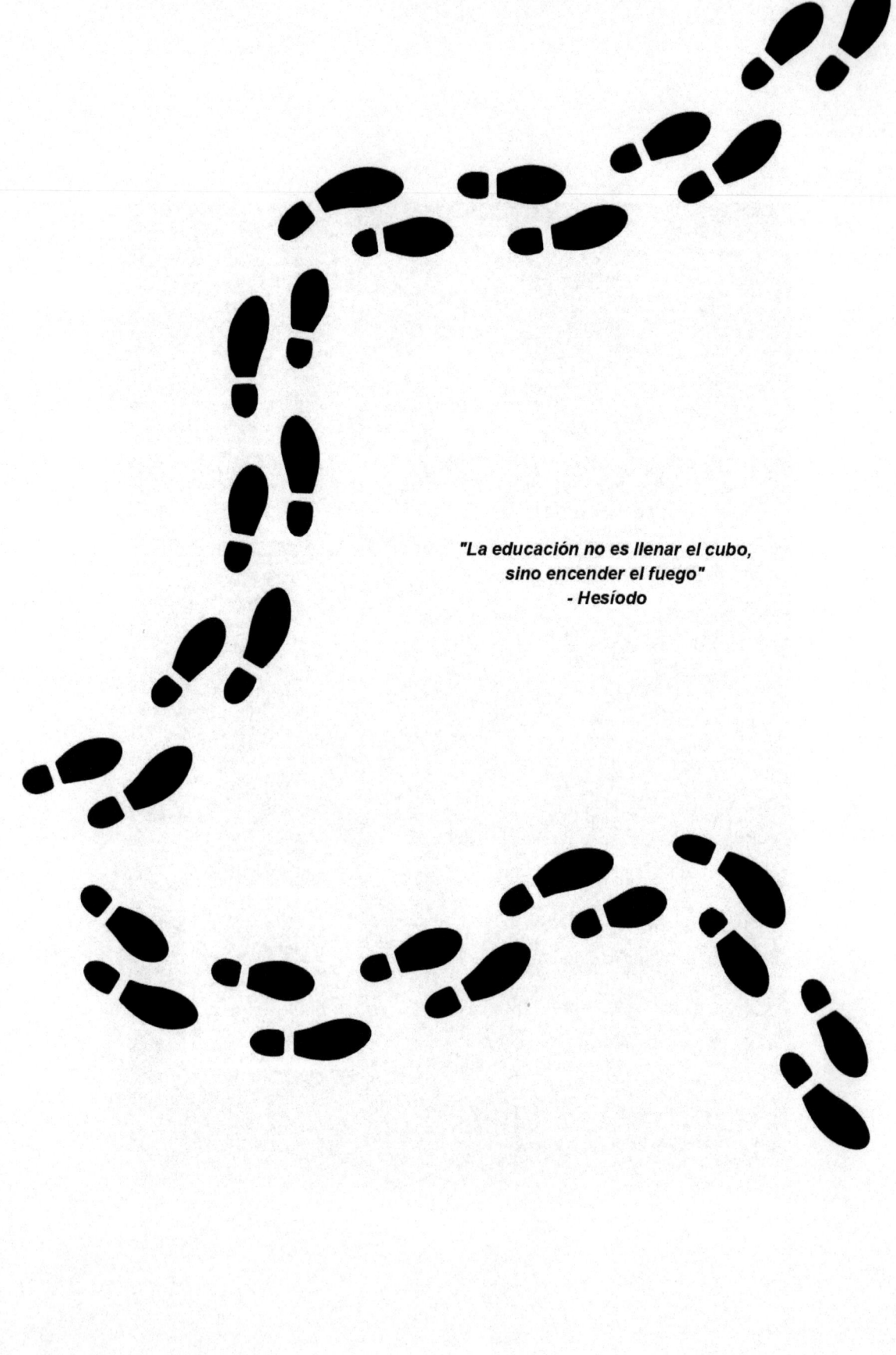

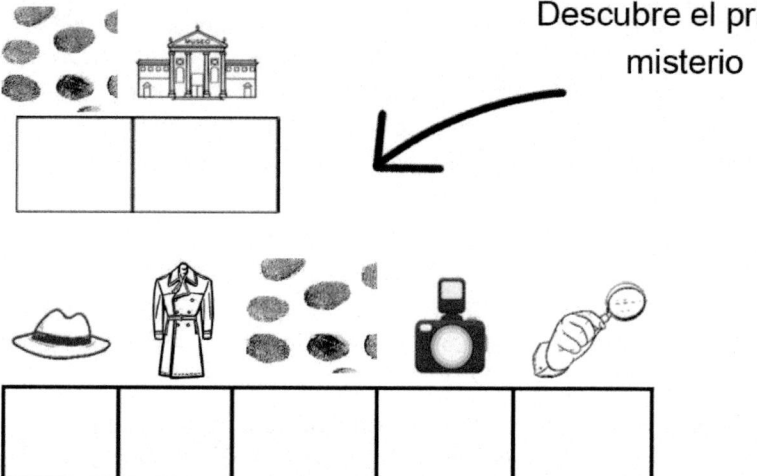

Descubre el primer misterio

Todos tenemos un fuego dentro de nosotros esperando a ser encendido. En educación, ese fuego podría representar la curiosidad, la incertidumbre, las ganas por aprender... En la etapa educativa de Infantil esa curiosidad enciende una llama que provoca pasión por el aprendizaje y que marcará su vida futura, tanto académica como personal.

En esta etapa todo es nuevo, un misterio sin resolver, por lo que es imprescindible que los niños y niñas manipulen, experimenten, observen, exploren todo lo que les rodea para así mantener la curiosidad, la motivación y desarrollar un progresivo aprendizaje.

Es por ello, que a través de la presente unidad didáctica jugamos y aprendemos motivados por el misterio y los acertijos, además de desarrollar la imaginación.

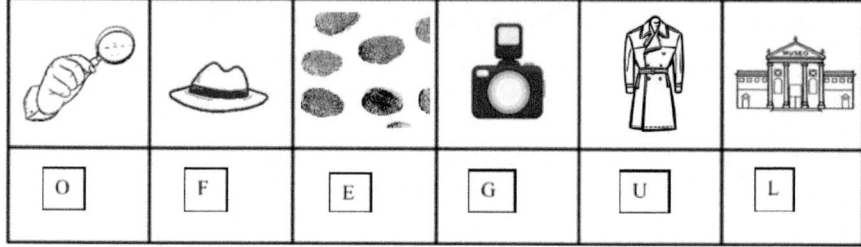

NEUROCIENCIA Y ACTUALIDAD

La unidad didáctica que se va a presentar está basada en los principios de la neurociencia, que estudia el desarrollo, la estructura, la patología, la farmacología y la función del sistema nervioso y permite entender cómo influyen las emociones en el proceso de enseñanza-aprendizaje. La neuroeducación constituye las aplicaciones de la neurociencia en el ámbito educativo para armonizar las metodologías de enseñanza de profesores con las técnicas de aprendizaje de los alumnos y alumnas (Béjar, 2014). La Organización de las Naciones Unidad para la Educación, la Ciencia y la Cultura (UNESCO) justifica que el avance de los conocimientos sobre la educación y los procesos de aprendizaje-enseñanza debe estar basado en los resultados que aportan tanto las ciencias de la educación como las neurociencias (Duraiappah et al., 2021).

Diversos autores propusieron que la psicología educativa podría representar el enlace necesario para facilitar la mediación entre la neurociencia y la práctica educativa (Bruer, 2016; Daniel, 2020). A su vez, Campos (2010), expresa que la neuroeducación es un puente entre la Psicología Cognitiva, la Pedagogía y la Neurociencia, aspectos de gran relevancia e influencia en el aprendizaje del alumnado y que, por tanto, deberemos tener en cuenta a la hora de llevar a cabo el proceso de enseñanza-aprendizaje con el fin de mejorar el rendimiento académico. Especialmente, trata de explicar cómo el cerebro aprende, marcando la importancia de la percepción a través de los sentidos, la reflexión y la imaginación para posteriormente procesar esta información por áreas (visual, motora, comprensión del lenguaje...), a continuación, realiza una evaluación emocional y establece la relevancia del estímulo y la información importante se evalúa, organiza y mantiene por cierto tiempo para después almacenarse (López, 2012). Una vez se conoce cómo aprende el cerebro, se trata de optimizar las funciones cerebrales a través de elementos como la percepción, atención, memoria, funciones ejecutivas, emociones, la curiosidad, el movimiento y el ejercicio físico, el juego y el arte.

Además, es importante conocer los principios neuroeducativos que establecen Campos (2010) y López, (2012):

- El cerebro es el único órgano del cuerpo humano que tiene la capacidad de aprender y a la vez de enseñarse a sí mismo.
- Cada cerebro es único e irrepetible y es dado por las influencias de su entorno y de las experiencias de vida.
- El cerebro aprende a través de patrones: los detecta, los aprende y encuentra sentido para utilizarlos cuando advierte la necesidad.
- Las emociones matizan el funcionamiento del cerebro: el estrés provoca un impacto negativo e impide el aprendizaje, por su parte, las emociones positivas son esenciales para el aprendizaje.
- El cerebro necesita del cuerpo como éste al cerebro. Ambos aprenden de forma integrada. El movimiento y el ejercicio mejoran las habilidades cognitivas.
- El cerebro aprende por diferentes vías. El cerebro cuenta con diferentes inteligencias que están interconectadas.

- El desarrollo del cerebro está bajo influencias genéticas y ambientales, por lo que es importante un entorno enriquecido, donde se cuiden los factores nutricionales, se destine el tiempo correcto a descansar y dormir, el ambiente sociocultural sea estimulante y las emociones sean positivas.

Todo esto se ha tenido en cuenta a la hora de desarrollar la Unidad Didáctica y, además, debemos recalcar la importancia de tener en consideración la gran diversidad que existe en las aulas, por lo tanto, tratamos de fomentar la inclusión, teniendo en cuenta las diferencias, intereses y necesidades de cada uno de los alumnos y alumnas.

Partimos del hecho de que cada uno de ellos/as es diferente, tengan o no necesidades educativas especiales, por lo que tratamos de promover la inclusión y de satisfacer las diversas necesidades mediante el Diseño Universal para el Aprendizaje Accesible (DUA-A). Este sistema parte de la evidencia científica de que el aprendizaje se produce en un contexto que puede facilitarlo o dificultarlo y, por tanto, debemos asegurarnos de eliminar las barreras del entorno que puedan dificultar el aprendizaje y ofrecer los apoyos necesarios para facilitarlos. Además, es necesario garantizar la accesibilidad cognitiva, sensorial, física y emocional para que todas las personas, independientemente de sus características puedan estar presentes, participar y aprender (Villaescusa, 2021).

Infografía resumen
Neuroeducación y DUA-A

LO QUE DE VERDAD IMPORTA

Las personas no nacemos con unos valores definidos, estos se nos van dando a través de experiencias, especialmente en la etapa de Educación Infantil, en la que se considera a los niños "esponjas" por su gran maleabilidad. En nuestras manos está tratar de conseguir una sociedad mejor, con unos buenos valores y principios definidos. Es por ello que a través de la propuesta educativa que se presenta se pretende transmitir unos valores al alumnado, entre ellos la importancia del trabajo en equipo, el respeto, el fomento de los hábitos democráticos y tratando de seguir los principios que inspiran el Sistema Educativo Español a través de valores que favorezcan la libertad personal, la responsabilidad, la solidaridad...

Entre estos valores, es importante transmitir la importancia del respeto con el ejemplo, es decir, llevando a cabo una total inclusión en el aula. Para ello, partimos de considerar a todos y cada uno de nuestros alumnos y alumnas diferentes en sus características, necesidades y capacidades. Para lograr esta inclusión debemos tener en cuenta alternativas para la atención a la diversidad en nuestras actividades, estableciendo ejercicios con diferentes niveles de dificultad, ofreciendo más tiempo si se requiriese, el empleo de diferentes técnicas de transmisión de información (pictogramas, sistema de audio, lenguaje de signos...), a través de las TIC y mediante el empleo de diferentes estrategias metodológicas.

Las estrategias metodológicas que se proponen se justifican en la LOMLOE que en su artículo 8 establece que: "los métodos de trabajo se basarán en las experiencias de aprendizaje emocionalmente positivas, las actividades y el juego y se aplicarán en un ambiente de afecto y confianza, para potenciar su autoestima e integración social y el establecimiento de un apego seguro."

Por lo tanto, la base de estas estrategias metodológicas parte de los principios establecidos por la Escuela Nueva que parten de la perspectiva constructivista de Piaget y el aprendizaje significativo de Ausubel.

Es importante emplear una metodología activa y global, basada en la actividad y la experimentación, teniendo en cuenta las características de cada alumno/a, siguiendo el principio de inclusión y partiendo de las experiencias, conocimientos e interés del alumnado.

Por supuesto, en esta etapa educativa el juego debe tener un papel clave en el proceso de enseñanza- aprendizaje, ya que es fundamental para la socialización, además de tener numerosos beneficios para los infantes.

Dentro de estos principios, cabe tener en cuenta que la educación actual tiene una visión ecléctica y flexible, por lo que debemos adaptarnos y emplear las estrategias metodológicas más apropiadas al adaptamos en función de las necesidades del alumnado en cada momento.

Para las siguientes actividades se propone la utilización de un aprendizaje cooperativo mediante la gamificación (aprendizaje a través del juego), fomentando así la vivencia de experiencias positivas que incrementan la adquisición de aprendizajes y la curiosidad.

Todo lo propuesto se enmarca dentro del Real Decreto 95/2022, de 1 de febrero, por el que se establece la ordenación y las enseñanzas mínimas de la Educación Infantil, que en su artículo 8 establece 3 áreas a trabajar en Educación Infantil de manera globalizada:

- Crecimiento en Armonía.
- Descubrimiento y Exploración del Entorno.
- Comunicación y Representación de la Realidad.

Contando con una presencia de estas tres áreas en la propuesta que se presenta, podríamos enmarcarla dentro de la tercera área "Comunicación y Representación de la Realidad", teniendo como objetivo principal "desarrollar la creatividad del alumnado a través de la expresión en diferentes lenguajes y fomentar una actitud positiva hacia el aprendizaje".

A continuación, se va a presentar la unidad didáctica que se propone, contando con 6 actividades que giran alrededor de una historia en la que el alumnado se convertirá en auténticos detectives, fomentando su motivación a la vez que aprendemos sobre arte, cultura y estrategias de resolución de problemas.

LOMLOE

Ley Orgánica 3/2020, de 29 de diciembre, por la que se modifica la Ley Orgánica 2/2006, de 3 de mayo, de Educación.

Real Decreto

Ley Orgánica 3/2020, de 29 de diciembre, por la que se modifica la Ley Orgánica 2/2006, de 3 de mayo, de Educación.

Es importante recalcar que las actividades han sido pensadas para un grupo de alumnos y alumnas del último curso del segundo ciclo de Educación Infantil, por lo que es necesario conocer sus características evolutivas.

CARACTERÍSTISCAS EVOLUTIVAS DEL ALUMNADO

La presente Unidad Didáctica va dirigida a niños y niñas de 5 a 6 años de edad. Sin embargo, conociendo cuáles son las necesidades, dificultades e intereses de estos, realizando pequeñas modificaciones de material y añadiendo o disminuyendo dificultad en las actividades se puede adaptar a edades anteriores o posteriores y a las características de cada grupo o contexto.

Para programar el proceso de enseñanza-aprendizaje y que este sea inclusivo y satisfactorio es necesario partir de las capacidades y posibilidades de los niños/as así como de sus conocimientos previos. Éstas deben ser conocidas por el docente y aplicadas a su práctica educativa.

Teniendo en cuenta los estudios actuales del desarrollo infantil de Palacios, Marchesi y Coll (2014), podemos considerar como las adquisiciones más significativas en la edad de infantil las siguientes:

De 5 a 6 años:

Desarrollo cognitivo- perceptivo: Ya puede ordenar los hechos en el tiempo, porque se establece la memoria biográfica.

Además, desarrolla la organización espacio- temporal.

Desarrollo del lenguaje: Es gramaticalmente correcto y emplea el lenguaje como conocimiento y adecuación a la realidad.

Desarrollo socio- afectivo: Comienza el juego auténticamente cooperativo. A su vez, termina la etapa de rebeldía y autoafirmación. Manifiesta su preferencia por determinados compañeros/as de juego y aparecen los compañeros/as inseparables del mismo sexo.

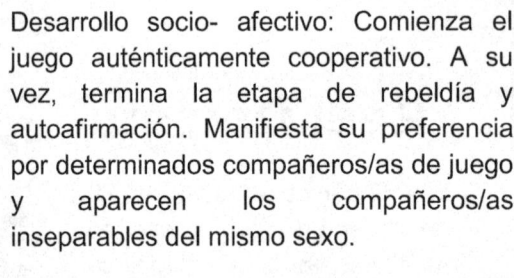

Desarrollo motor: Mayor desarrollo y afianzamiento de la motricidad gruesa en cuanto a la marcha rítmica y equilibrio sin dificultad; y fina en cuanto a la consolidación de la predominancia lateral.

¡COMIENZA LA AVENTURA!

Al llegar al aula encontramos un sobre con una foto de un cuadro y una caja con candados. No sabemos qué ha pasado con el cuadro y, para descubrirlo, debemos abrir la caja descubriendo la ubicación de 3 llaves:

Para encontrar la primera llave, tenemos un escrito que dice: "Suelo ir de mano en mano, hojas tengo y no soy flor, y aun teniendo muchas letras no soy de nadie deudor." Entre todos, adivinamos que se trata de un libro y buscamos en la zona de la biblioteca, dónde encontramos la primera llave con la siguiente pista.

Para la segunda llave resolvemos el siguiente acertijo: "Soy una palabra de 8 letras, que he perdido caminando por la clase, deberéis encontrarlas si queréis la siguiente llave". Los/as alumnos/as buscarán por la clase y encontrarán 8 carteles con letras que, uniéndose, llevan a la palabra "misterio", dándole la vuelta a la palabra encontraremos la segunda llave y un mapa de la clase.

Para la tercera llave la buscaremos siguiendo el mapa que hemos encontrado y buscando el sitio que marca la X.

Al abrirla, encontramos un código QR que escaneamos y nos lleva a un vídeo... ¡Es un detective!, nos dice que tras haber resuelto las 3 pruebas de los candados está seguro de que vamos a poder convertirnos en detectives para resolver el misterio del cuadro. Se trata de un cuadro llamado "Las Meninas" situado en un museo, en el cual ha desaparecido uno de sus personajes, la niña, no sabemos por qué, pero a su paso ha desordenado todas las salas del museo y debemos ayudarle a encontrar pistas para localizarla, que regrese al cuadro y ordenar el museo. Tras el vídeo, recogemos las primeras hipótesis de los niños/as sobre qué ha podido pasar.

Materiales:
- Caja con candados
- Mapa del aula dividido en 8 partes con las letras de m-i-s-t-e-r-i-o
- Llaves de los candados
- Código QR de enlace al vídeo
- Sobre con imagen del cuadro de las Meninas.

Organizativos:
- Espacios: Aula
- Tiempo: 50 min

Personales: Maestra/o

RECURSOS

OBJETIVOS

- Fomentar motivación e interés por el aprendizaje.
- Presentar la temática de la unidad didáctica
- Aplicar estrategias de resolución de problemas.

¡QUÉ DESASTRE!

La niña de las Meninas ha dejado toda la sala de la escultura hecha un desastre. Cuando ha huido del cuadro ha pasado por esta sala y ha tirado todas las esculturas al suelo, rompiendo así vasijas, platos, jarrones... ¡Todo lo que había en la sala!

El detective le entrega al alumnado los trozos de arcilla que se ha encontrado en dicha sala. Los niños y niñas tienen que ayudar al detective a recrear los objetos de la sala para así dejarla como estaba antes de que la niña de las Meninas la destrozase. Para eso, los discentes pegarán dichos trozos e irán creando los objetos anteriormente presentados.

Por último, se les dará arcilla e irán manipulando dicho material para así hacer diferentes formas y objetos, ¡convirtiéndose en auténticos/as alfareros/as!

Al finalizar la misión, el alumnado conseguirá un sobre que abriremos en la actividad final.

Materiales:
- Trozos de arcilla para recrear los objetos y para crear nuevos objetos
- Moldes de arcilla

Organizativos:
- Espacios: Aula
- Tiempo: 50 min

Personales: Maestra/o

RECURSOS

- Fomentar la creatividad e imaginación.
- Conocer la arcilla y sus diferentes utilidades.
- Saber diferenciar los objetos presentados y sus diferentes usos.
- Promover la psicomotricidad fina.

OBJETIVOS

Alternativa inclusiva:
- Trozos de arcilla de diferentes tamaños para niños y niñas con diferente desarrollo de motricidad fina.
- Si a algún/a alumno/a la arcilla le resulta un material difícil de manipular, utilizar plastilina, ya que es más conocido por estos.

ENTRE CUADROS

Además de pasar por la sala de escultura, también ha roto todos los preciosos cuadros de la sala de pintura. Para poder ayudar al detective, los niños irán a la sala de psicomotricidad y se encontrarán un circuito con bancos, cuerdas, aros, picas... simulando que están en la sala de pintura.

Este circuito estará compuesto por bancos, que tendrán que saltar, cuerdas (asemejando las cuerdas para de distancia de seguridad del cuadro) que tendrán que pasar por encima, aros (que se parecerá a las baldosas del suelo de la sala) que tendrán que ir saltando en zig-zag...

A continuación, los discentes se dividirán en cuatro grupos, ambos grupos deberán de realizar el circuito y al final se encontrarán trozos de los cuadros que deberán recoger.

Cuando todos los/as niños/as hayan cogido todos los trozos deberán de formar los puzles, y así habrán ayudado al detective para ordenar la sala y recrear diferentes cuadros famosos. Aprovecharemos este momento para hablar sobre el origen de esos cuadros y qué les transmite.

Al finalizar la misión, el alumnado conseguirá un sobre que abriremos en la actividad final.

Materiales:
- Materiales de psicomotricidad
- (cuerdas, aros, conos...),
- Ejemplar impreso de diferentes obras importantes divididas a modo puzle

RECURSOS

Organizativos:
- Espacios: Aula Psicomotricidad /patio
- Tiempo: 50 min

Personales: Maestra/o

Alternativa inclusiva:
- Circuitos con mayor o menor dificultad.
- Resolver puzle con guía debajo
- Dividir el puzle en más o menos trozos.

OBJETIVOS

- Desarrollar la psicomotricidad gruesa: equilibrio.
- Fomentar el pensamiento lógico a través de la
- realización de puzles.
- Conocer obras importantes de nuestra cultura.

¿TE SUENA?

Al llegar a la sala de antigüedades, nos damos cuenta que todos los objetos han sido mezclados, objetos nuevos con objetos muy antiguos, deberemos separarlos en dos zonas diferentes y relacionar los objetos nuevos con los antiguos, colocándolos en su sitio. Por ejemplo, un teléfono antiguo con uno nuevo, una máquina de escribir y un ordenador portátil...

Además, aprovecharemos para conocer cómo era la vida antiguamente y cómo ha evolucionado la tecnología mediante los libros o puede ir algún familiar del alumnado y explicárselo.

Al finalizar la misión, el alumnado conseguirá un sobre que abriremos en la actividad final.

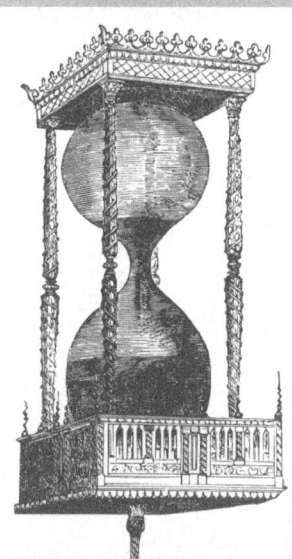

RECURSOS

Materiales:
- Objetos actuales y antiguos (máquina de escribir, ordenador, teléfono de casa, teléfono móvil, lupa, gafas, disco de vinilo, CD…)
- Libros en los que narra y se ve reflejado como era la vida antiguamente

Materiales:
- Espacios: Aula
- Tiempo: 50 min

Personales: Maestro/a

Alternativa inclusiva:
- Añadir o restar dificultad con elementos ya trabajados o muy cotidianos.
- Soporte visual.

OBJETIVOS

- Conocer los objetos cotidianos del pasado.
- Comprender la evolución de la tecnología.
- Saber diferenciar objetos según su aspecto.

CADA UNO A SU LUGAR

Una vez hemos pasado por todas las salas, llegamos a la de los animales y... ¡han desaparecido! Encontramos unas huellas en el suelo y, siguiéndolas llegamos a diferentes tipos de animales: pingüino, tigre, cangrejo... En un mapa con los diferentes ecosistemas, el alumnado deberá colocar cada animal en su hábitat natural. En caso de tener dudas, tendremos a nuestra disposición el ordenador del aula, con el que buscaremos la información necesaria.

Al finalizar la misión, el alumnado conseguirá un sobre que abriremos en la actividad final.

RECURSOS

Materiales:
- Ordenador del aula.
- Huellas de animales.
- Dibujos de animales.
- Cartel con diferentes ecosistemas.

Organizativos:
- Espacios: Aula
- Tiempo: 50 min

Personales: Docente.

OBJETIVOS

- Conocer diferentes características de los animales: Ecosistema al que pertenecen.
- Desarrollar pensamiento lógico relacionando las huellas con el animal.
- Iniciar el conocimiento sobre el uso de las TIC

Alternativa inclusiva:

- Huellas más o menos conocidas.
- Incluir en el cartel de los ecosistemas sombras correspondientes al animal que va en cada lado.
- Dispositivo altavoz inteligente para buscar la información en internet

¿QUÉ HA PASADO?

Una vez hemos recogido los sobres por todo el museo, nos reuniremos para abrirlos y encontramos diferentes piezas que, al juntarlas descubrimos una carta que dice: "Si verme volver queréis, en una sala tan oscura no me meteréis", reflexionando con el alumnado, llegamos a la conclusión de que el cuadro de "Las Meninas" es muy oscuro y apagado, por eso, para que vuelva la niña, debemos decorar y aportar color al cuadro. Para ello, utilizaremos diversas pegatinas, pintura de colores, recortables... extenderemos el cuadro en tamaño grande y lo pintarán y decorarán a su gusto entre todos.

Al terminar, nuestro amigo el detective nos manda un sobre con la imagen de la niña, que vuelve a su cuadro y nos da las gracias y nos ofrece unos carnets de detectives que el alumnado completará con sus datos personales.

Organizativos:
- Espacios: Patio
- Tiempo: 50 min

Personales: Docente.

Materiales:
- Piezas del texto "Si verme volver queréis, en una sala tan oscura no me meteréis"
- Materiales reciclados para decorar el cuadro (pegatinas, recortes de revistas, cartulinas, goma eva...)
- Cuadro impreso en papel continuo y carnet de detectives.

RECURSOS

OBJETIVOS

- Desarrollar habilidades cooperativas.
- Fomentar la creatividad e imaginación.
- Respetar los gustos, necesidades e intereses de sus compañeros/as.
- Progresar en la lectura.

EVALUACIÓN

El concepto de evaluación en educación ha evolucionado considerablemente a lo largo de los años. La evaluación educativa pretende la búsqueda del valor del objeto de conocimiento. En ese sentido, las definiciones del término recopiladas por Ramos et al. (2009), así como las enunciadas en otros trabajos (INEE, 2015 [en Martínez, 2013]) se destaca el papel de la emisión de juicios, que se asume como una herramienta definitoria del valor de lo observado. En el ámbito escolar es un factor clave para la mejora del proceso de enseñanza aprendizaje. En Educación Infantil se establece que esta evaluación debe ser continua, global, ya que se realiza a lo largo de todo el ciclo y formativa, debido a que permite mejorar la calidad de las enseñanzas. Los datos obtenidos nos ayudan a ajustar la respuesta educativa a cada alumno, a sus necesidades especiales y su ritmo de aprendizaje, por lo que también es individual. Además, es cualitativa, ya que se valora la calidad del proceso y del nivel de aprovechamiento alcanzado de los estudiantes como resultado de este.

En el Real Decreto 95/2022, de 1 de febrero, por el que se establece la ordenación y las enseñanzas mínimas de la Educación Infantil, se establecen, para cada una de las áreas, los criterios de evaluación y los saberes básicos establecidos para cada ciclo. En función de esto, utilizaremos como técnica de evaluación para la presente unidad didáctica la observación sistemática y como instrumento emplearemos la siguiente escala de estimación:

ÍTEM	1	2	3	4	5
Conoce y aplica estrategias de resolución de problemas.					
Diferencia objetos cotidianos y su utilidad.					
Utiliza diferentes técnicas plásticas para la expresión.					
Emplea el pensamiento lógico para la resolución de puzles.					
Conoce y muestra interés por obras artísticas importantes.					
Diferencia características de animales.					
Ha aumentado control de la coordinación, el tono, el equilibrio y los desplazamientos					

El artículo 1 de la LOE 2/2006, modificado por la LOMLOE 3/2020, indica que una de las finalidades educativas es la evaluación y autoevaluación, tanto en su programación y organización y en los procesos de enseñanza-aprendizaje como en sus resultados.

En la autoevaluación del proceso de enseñanza y de la programación de los equipos de ciclo se debe reflexionar sobre la elaboración de la propuesta pedagógica y la práctica educativa con el objetivo de mejorarla y que cada vez sea más adaptada a las necesidades, intereses y dificultades de nuestros discentes, de ahí la importancia de la autoevaluación. Como docentes será importante realizar este tipo de evaluación siguiendo como ejemplo la siguiente rúbrica:

ÍTEM	1	2	3	4	5
He proporcionado a los alumnos un clima adecuado de trabajo en el aula.					
He elaborado material propio adaptando a los intereses y motivaciones de mis alumnos					
He utilizado diferentes espacios de mi aula					
He secuenciado los objetivos y los contenidos graduando el nivel de dificultad					
He adaptado las actividades para satisfacer las necesidades del alumnado de manera inclusiva					

CONCLUSIÓN

A lo largo de todo el capítulo se han ido mencionando aspectos muy relevantes: la Neuroeducación y la Neurociencia, imprescindibles conocerlas para asegurar un proceso de enseñanza-aprendizaje de calidad; la inclusión a través del Diseño Universal de Aprendizaje, sistema que se encuentra a la orden del día y que es el futuro de una sociedad inclusiva; la importancia de la transmisión y adquisición de unos buenos valores para contribuir a la mejora de la sociedad y la necesidad de enmarcar todo lo que realizamos en el aula dentro de la normativa vigente y teniendo en cuenta las características de nuestro alumnado.

Sin embargo, más allá de todo esto creemos necesario recalcar la finalidad real de nuestra Unidad Didáctica. Si algo hemos aprendido después de los años de experiencia y los sucesos acaecidos es la importancia de la felicidad, algo que creemos que la sociedad ha olvidado. En los tiempos que corren todo es instantáneo, con mucha rapidez y simplemente dejamos pasar los días haciendo nuestras tareas, rutinas y cumpliendo con las obligaciones y responsabilidades sin parar a preguntarnos si somos felices, si lo que estamos haciendo nos llena o si estamos prestando la suficiente atención a nuestros hijos/as. Es por ello que, como maestros y maestras debemos buscar la manera de que esta felicidad invada a nuestros alumnos/as, que tengan experiencias positivas en la escuela a la vez que aprenden. Por eso, la finalidad de esta unidad didáctica no es ni más ni menos que nuestro alumnado sea feliz, que se diviertan, jueguen, se rían y, por supuesto, aprendan teniendo en cuenta que las emociones de nuestro alumnado influyen mucho en la adquisición de conocimientos. Esperamos que el presente capítulo haya servido de utilidad y hayamos aportado nuestro granito de arena en el desarrollo y evolución del sistema educativo.

REFERENCIAS BIBLIOGRÁFICAS

- Agustí, F.J., Angulo, A., Martí, A., Pérez, N., Tormo, E. y Villaescusa, M. I. (2021). Diseño Universal y Aprendizaje Accesible. Modelo DUA-A. Generalitat Valenciana. Conselleria d'Educació, Cultura i Esport.
- Béjar, M. (2014). Neuroeducación. Padres Y Maestros / Journal of Parents and Teachers, (355), 49-53.
- Bruer, J.T. (2016). Where is educational neuroscience? Educational Neuroscience, 1, 1-12. https://doi.org/10.1177/2377616115618036
- Caicedo López, H. (2012). Neuroaprendizaje. Una propuesta educativa. Bogotá: Ediciones de la U

- Campos, A. L. (2010). Neuroeducación: uniendo las neurociencias y la educación en la búsqueda del desarrollo humano. La Educación, Revista Digital, 143, 1-14.
- Coch, D. y Daniel, D.B. (2020). Lost in translation: Educational psychologists as intermediaries between neuroscience and education. Frontiers in Education, 5. https://doi.org/10.3389/feduc.2020.618464
- Deval, J. (2012). El desarrollo humano. Siglo XXI Editores S.A. Duraiappah, A., Van Atteveldt, N., Asah, S., Borst, G., Bugden, S., Buil, J.M.,......Vickers, E. (2021). The International Science and Evidence-based Education Assessment: position pa-per (MGIEP- 2021/PI/H/2). UNESCO. https://unesdoc.unesco.org/ark:/48223/pf0000375694.locale=es
- Instituto Nacional para la Evaluación de la Educación [INEE]. (2015). Los docentes en México. Informe 2015. México: INEE.
- Martínez, F. (2013). El futuro de la evaluación educativa. Sinéctica, 40.
- Organización de las Naciones Unidas para la Educación, la Ciencia y la Cultura (UNESCO). (2019). Right to education handbook. UNESCO.
- Piaget, J. (2015). Psicología del niño. Morata Palacios, Marchesi y Coll (2014). Desarrollo psicológico y educación. Alianza Editorial.
- Ramos, G., Perales, M., & Pérez, A. (2009). El concepto de evaluación educativa. In Jornet, J., & Leyva, Y. (Comp.), Conceptos, metodología y profesionalización de la evaluación educativa (pp. 47- 64). México: INITE.

NORMATIVA DE EDUCACIÓN INFANTIL
- Ley Orgánica 3/2020, de 29 de diciembre, por la que se modifica la Ley Orgánica 2/2006, de 3 de mayo, de Educación. (BOE núm. 340, 30 de diciembre de 2020).
- Real Decreto 95/2022, de 1 de febrero, por el que se establece la ordenación y las enseñanzas mínimas de la Educación Infantil. BOE núm. 28, 2 de febrero de 2022.

Sé que *mamá* está **nerviosa**, aunque no lo diga, en la bici ha ido

más rápido

que de **costumbre** y no miraba hacia atrás a ver a *papá* como siempre hace. **No** puedo estar **tranquilo**, sabiendo que ella no se comporta como siempre. Esto del *cole de mayores*, yo **no sé si me gustará** tanto como dicen.

Los alumnos y alumnas de 3 años A,

una *fila* aquí, por favor. Pueden acompañarlos sus **progenitores** hasta el *aula*.

Pero,

¿qué es una fila?

Los demás *niños* se comportan como yo, unos **se esconden** detrás de las faldas de las *mamás*, otros están **a hombros** de sus *papás*, creo que a estos nenes tampoco les **gusta** quedarse aquí.

¡qué revuelo!

¡Hola peques!

Mi nombre es *María Jesús* y voy a ser vuestra **tutora** los tres cursos de *Educación Infantil*. Esta será nuestra **clase** y aquí aprenderemos las *cosas importantes de la vida:* a **compartir** los juguetes; a **reír** a carcajadas; a **pintar** dibujos libres con todos los colores del arcoíris; a **cogernos de las manos** y, si hace falta, también de los pies; a **dar** grandes **saltos** que nos hagan llegar casi casi a la luna; y, sobre todo, a **saborear cada instante/oportunidad** que nos ofrece la vida de aprendizaje y autocrecimiento.

Ups,

¿por qué ese nene llora?

Su mamá ya se ha ido. *Mamá, yo no quiero que te vayas.*

Me tengo que ir a trabajar, tú *tranquilo*, ya verás **qué bien te lo pasas**, enseguida vuelvo.

¿Corriendo, corriendo?

Sí, **amor**, hoy no te quedas a comedor, enseguida vendré a por ti.

CON MUCHO GUSTO

Ana Isabel Agudo Martínez, Andrea Ordoñez Rivas, Beatriz Longo Fernández, Consuelo Ponce Cuenca, Francisca Sola Corpas, Naia Amondarain Joven, Natalia Vega López, Nerea González Gómez-Pimpollo

Con mucho gusto

EDUCACIÓN INFANTIL

Ana Isabel Agudo Martínez, Andrea Ordoñez Rivas, Beatriz Longo Fernández, Consuelo Ponce Cuenca, Francisca Sola Corpas, Naia Amondarain Joven, Natalia Vega López, Nerea González Gómez-Pimpollo.

Esta es la historia de una cocinera con mucha experiencia que le encantaba su trabajo, le fascinaba viajar, conocer diferentes culturas, innovar y experimentar en sus platos y que todas las personas que comiesen sus menús pudieses sentir en cada bocado todo el cariño y pasión que le ponía a su trabajo, que por supuesto lo hacía "con mucho gusto".

Ella estaba cansada de trabajar en su casa y sola, ya que lo que más le gustaba en el mundo era crear y experimentar con la gente de su alrededor, por eso tuvo la maravillosa idea de buscar unos pinches muy pero que muy especiales para su proyecto de la elaboración de un menú saludable.

La idea la trasladó a un colegio, específicamente a niños/as de 5 años, pensó que era muy buena idea trasladar la cocina a la educación, ya que se pueden aprender muchísimas cosas además de a cocinar, como por ejemplo: la creatividad, el conteo, las cantidades, la escritura, la psicomotricidad fina y muchas más.

Posteriormente, empezó a crear unas cartas en las que ponía los retos de cada día con sus respectivas instrucciones que después debería de seguir los alumnos/as, eso sí siempre dejando que cada uno/a utilizase la creatividad como ingrediente principal. De este gran proyecto salieron cosas maravillosas que se verán a continuación. ¿Te animas a descubrirlo?

CONTEXTUALIZACIÓN DEL AULA Y DEL ALUMNADO

Este proyecto va destinado a un aula de 5 años de un total de 20 alumnos/as, cada uno de ellos son diferentes en cuanto a capacidades, necesidades y motivaciones. Entre ellos se encuentra Antonio, un niño que presenta TEA (Trastorno del Espectro Autista) grado 1. Debido a su perfil y sintomatología, este alumno presenta desfase frente a su grupo de referencia, por ello, siguiendo la Ley Orgánica 3/2020, de 29 de diciembre, por la que se modifica la Ley Orgánica 2/2006, de 3 de mayo, de Educación (artículo 19, apartado 1) atenderemos a sus necesidades a través de este proyecto de neuroeducación.

Este grupo-clase lo forman niños y niñas con ciertas inquietudes y unas inmensas ganas de conocer y explorar el entorno que los rodea. En general, es un grupo nervioso, por lo que necesitan estar muy activos durante la clase, haciéndose preciso una alternancia en las actividades. En cuanto al aprendizaje, muestran muchas ganas por aprender cosas cercanas a su entorno y que tengan funcionalidad para su vida cotidiana. Es por ello que las actividades parten de sus intereses y necesidades.

En cuanto a su desarrollo afectivo-social, debido a su corta edad, aún siguen siendo un poco egocéntricos, aunque poco a poco van desarrollando la empatía y amistad con sus iguales. Cabe resaltar que este grupo trabaja muy bien en equipo, por lo tanto, muchas de las actividades planteadas han sido organizadas para trabajar de manera cooperativa.

MEDIDAS/NIVELES DE ATENCIÓN A LA DIVERSIDAD

Los alumnos con necesidades especiales de apoyo educativo precisan de una serie de medidas para garantizar el máximo rendimiento y potenciar sus estrategias de aprendizaje. En este caso, para nuestro alumno con TEA y basándonos de nuevo en sus presentaciones sintomatológicas, hemos establecido una serie de medidas de carácter ordinario:

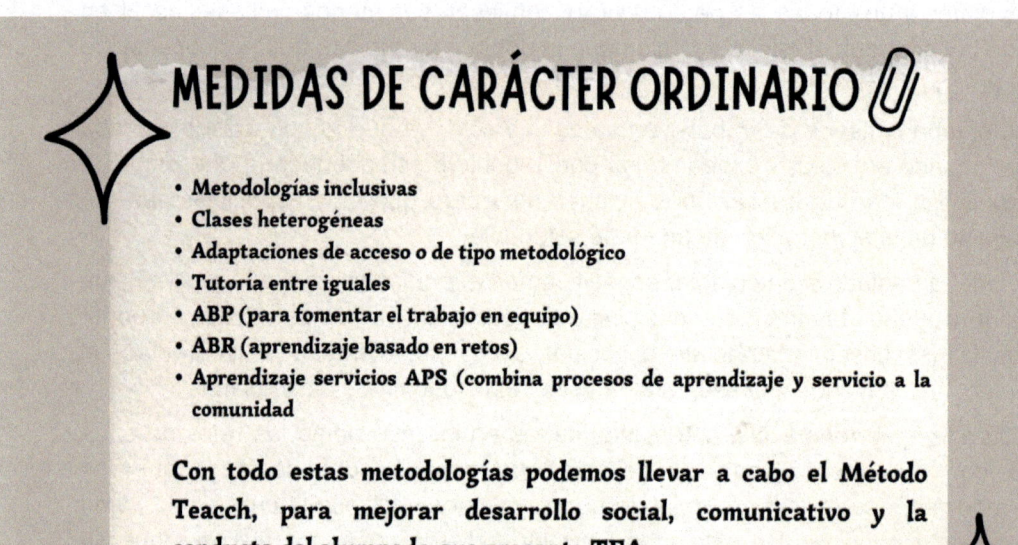

MEDIDAS DE CARÁCTER ORDINARIO

- Metodologías inclusivas
- Clases heterogéneas
- Adaptaciones de acceso o de tipo metodológico
- Tutoría entre iguales
- ABP (para fomentar el trabajo en equipo)
- ABR (aprendizaje basado en retos)
- Aprendizaje servicios APS (combina procesos de aprendizaje y servicio a la comunidad)

Con todo estas metodologías podemos llevar a cabo el Método Teacch, para mejorar desarrollo social, comunicativo y la conducta del alumnado que presenta TEA.

Por último, en el aula se lleva a cabo el trabajo por rincones, puesto que es una forma básica y una medida ordinaria de atención a la diversidad (entre otras que hemos usado como la flexibilización de tiempos o espacios, el uso de recursos variados…), ya que se adapta a los ritmos de aprendizaje de cada niño/a y, por tanto, favorece la individualización y la inclusión. De entre todos los rincones, destacamos el rincón de la calma y la mesa de la paz. Sirven para todos, pero han sido fundamentales para Antonio, pues era el lugar para 'refugiarse' y calmarse cuando se encontraba desbordado: en él encontraba cuentos, botellas sensoriales…Además, esta mesa de la paz servía a su vez para resolver los conflictos que pudieran ir surgiendo a lo largo de la jornada.

OBJETIVOS DEL PROYECTO

Podemos definir los objetivos como los logros que el alumnado debe alcanzar al finalizar el proceso educativo como resultado de las experiencias de enseñanza-aprendizaje. A continuación, aparecen los objetivos generales que pretendemos que nuestro alumnado alcance:

OBJETIVOS GENERALES

★ Fomentar la cooperación familia- escuela.
★ Desarrollar situaciones de aprendizaje basadas en la neurocognición.
★ Crear un contexto educativo que permita al alumnado comprender la relación aula- sociedad.
★ Garantizar el óptimo rendimiento y aprendizaje y desarrollar el máximo potencial de las capacidades del alumnado.
★ Favorecer la inclusión.

OBJETIVOS ESPECÍFICOS

★ Obtener conocimientos sobre hábitos de alimentación saludable.
★ Identificar los diferentes sentidos (gusto, olfato…)
★ Reconocer y manejar diferentes instrumentos relacionados con la cocina.
★ Potenciar el trabajo en equipo.

PRINCIPIOS METODOLÓGICOS. EL DISEÑO UNIVERSAL DEL APRENDIZAJE

Este proyecto parte de teorías psicológicas cognitivas y contextuales recogidas en los distintos marcos teóricos, entre ellas destacamos: la teoría genética de Piaget, la teoría social de Vigotsky, la teoría del aprendizaje verbal significativo de Ausubel y la teoría del aprendizaje por descubrimiento de Bruner, enmarcados en una concepción constructivista del aprendizaje, confluyen en una serie de principios metodológicos.

Entre las metodologías que hemos llevado a cabo a lo largo de esta unidad didáctica destacamos las siguientes:

- **Aprendizaje basado en retos.** Cada una de nuestras sesiones de aprendizaje es introducida al alumnado como un reto, de manera que pretendemos despertar el interés y la curiosidad de nuestro alumnado.

- **Aprendizaje basado en proyectos (AbP)**. Nuestro proyecto se basa en un aprendizaje basado en proyectos, ya que son los propios alumnos/as los que a través de la investigación y el descubrimiento van construyendo su propio aprendizaje.

- **Proyecto Aprendizaje-Servicio (APS).** Se ha trabajado en este centro un APS de forma anual a través de nuestro huerto ecológico. Gracias a los frutos que daba este magnífico huerto elaborado por nuestro alumnado, se han destinado a un comedor escolar para ayudar a los más necesitados. También, hemos utilizado nuestro huerto para realizar algunas de las actividades que hemos llevado a cabo en las sesiones de aprendizaje.

Además de estas metodologías que impregnan este proyecto, se profundiza en **la metodología basada en el desarrollo de la educación emocional,** para el acercamiento del alumnado a las estrategias de gestión de emociones, desarrollando principios de empatía y resolución de conflictos que le permitan convivir en la sociedad plural en la que nos encontramos. También se desarrolla el **Diseño Universal de Aprendizaje** (DUA) como estrategia para atender a la diversidad del alumnado y promover la inclusión.

ORGANIZACIÓN DEL ESPACIO, EL TIEMPO Y LOS AGRUPAMIENTOS

En cuanto a la organización del **tiempo** en Educación Infantil está delimitado por una serie de momentos y rituales, que deberán ser flexibles adecuándose a las necesidades e intereses de los niños. A modo de ejemplo, se ha establecido la siguiente rutina que se muestra en el *Anexo 1: Rutina de horario escolar*.

Respecto a los **agrupamientos,** estos se organizan en función de las actividades que se desarrollen. Los diferentes tipos de agrupamientos flexibles y equilibrados que se han organizado en este proyecto son:

- **Gran grupo:** asamblea, diálogos, talleres, normas, expresión musical, etc.
- **Pequeño grupo (4-5 alumnos/as):** rincones
- **Por parejas:** tutoría entre iguales, juegos de psicomotricidad, etc.
- **Individual:** dibujos, propuestas gráficas, lecturas, etc.

ADAPTACIONES METODOLÓGICAS BASADAS EN LOS PRINCIPIOS DE LA NEUROEDUCACIÓN

Las adaptaciones metodológicas son un aspecto esencial, ya que nos van a permitir adaptar la situación de aprendizaje a las necesidades y características de Antonio, y, por lo tanto, proporcionar una metodología y un ambiente beneficioso para su aprendizaje.

Las adaptaciones planteadas se han basado en las características y necesidades de Antonio, presentadas anteriormente, y en los principios de la neuroeducación, esencial para el proceso de enseñanza-aprendizaje, ya que como afirma Mora (2013) esta crea un puente entre el funcionamiento cerebral y la psicología y la conducta, permitiéndonos conocer las herramientas de enseñanza más eficaces para el alumnado. Las adaptaciones metodológicas planteadas atienden, además, a los principios metodológicos de atención a la diversidad que son: flexibilidad, globalización de los aprendizajes, favorecer la autonomía y cooperación del alumnado y atender al principio de inclusión.

Por lo tanto, las adaptaciones metodológicas que llevaremos a cabo son (NorTea, 2021):

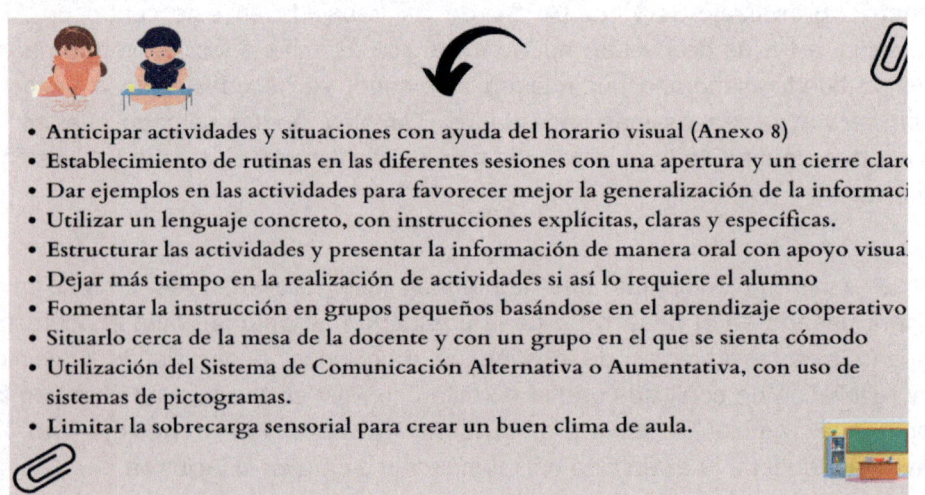

- Anticipar actividades y situaciones con ayuda del horario visual (Anexo 8)
- Establecimiento de rutinas en las diferentes sesiones con una apertura y un cierre claro
- Dar ejemplos en las actividades para favorecer mejor la generalización de la informaci
- Utilizar un lenguaje concreto, con instrucciones explícitas, claras y específicas.
- Estructurar las actividades y presentar la información de manera oral con apoyo visua
- Dejar más tiempo en la realización de actividades si así lo requiere el alumno
- Fomentar la instrucción en grupos pequeños basándose en el aprendizaje cooperativo
- Situarlo cerca de la mesa de la docente y con un grupo en el que se sienta cómodo
- Utilización del Sistema de Comunicación Alternativa o Aumentativa, con uso de sistemas de pictogramas.
- Limitar la sobrecarga sensorial para crear un buen clima de aula.

SITUACIONES DE APRENDIZAJE

Para llevar a cabo el proyecto, se ha elegido como hilo conductor la cocina. Con el fin de colaborar con el comedor de la escuela y aportar un granito de arena por parte de los estudiantes. La cocinera del comedor ha mandado una carta pidiendo ayuda para crear un menú como se cuenta en la historia principal. Esta carta representa el desafío principal que tendrán que completar los alumnos a través de la realización de diferentes retos diarios.

Para la elección de las recetas se tendrán en cuenta los objetivos del desarrollo sostenible y se preguntará a los padres si los alumnos/as tienen alguna alergia. Después, se realizará una tabla donde aparezca el desafío principal (creación de menú saludable) y los diferentes retos a conseguir, para, después, marcar tras cada sesión si se ha conseguido o no los retos propuestos. Al principio de cada sesión, se recibirá y se leerá la carta con el reto diario a conseguir que se incluirá en la tabla.

Paralelamente, de manera rutinaria tras cada sesión, se irá elaborando un libro de recetas con cada una de las recetas elaboradas en el día. Este recetario se podrá continuar rellenando con muchas más recetas, más allá de las elaboradas y aprendidas en esta unidad, por ejemplo, con recetas que los alumnos propongan o elaboren en casa con sus familias.

Sesión 1

COMENZANDO LA AVENTURA

QR carta del reto

ACTIVIDAD 1

Esta actividad tiene como finalidad comentar las reglas y acordar los materiales que se necesitarán para completar el libro final: pictogramas, velcros, colores, etc. Para adaptar la actividad a las necesidades del niño con TEA se utilizarán pictos y ejemplos de las actividades a realizar, al igual que un horario visual (Anexo 8) para que el niño sepa cuándo vamos a realizarlas.

DESCANSO ACTIVO

Visualizaremos el siguiente video: https://www.youtube.com/watch?v=ZxUVaSDNC2U
Debido a la hipersensibilidad del alumno con TEA, sobre todo al ruido, moderaremos el volumen del audio. También le daremos la libertad para que se mueva por clase para evitar sobrecarga de información y focalice su atención.

ACTIVIDAD 2

El reto implicará confeccionar su propio gorro de chef con ayuda del docente. La tutora les ofrecerá el material necesario para realizar la tarea y se les pondrá el siguiente video en el que se indican todos los pasos a seguir: https://youtu.be/DZ1L6paelqc
Para favorecer las necesidades de Antonio se mantendrá el apoyo visual en cada instrucción y se le ofrecerán ejemplos y más tiempo para realizar la actividad.
Para finalizar, se organizarán 4 grupos de 5 alumnos/as de manera heterogénea, teniendo en cuenta las capacidades de cada alumno/a y se diferenciarán por colores. Todas las sesiones que se plantean mantendrán la misma estructura para poder establecer rutinas dentro del aula.

FINAL DE SESIÓN

Una vez completadas todas las actividades, colocaremos la pegatina en la tabla de desafío para reflejar que se ha cumplido el reto.

Materiales

Recursos Tics, libro de recetas, tabla de desafíos.

Espacio

Aula, asamblea.

Sesión 2

EMPEZANDO EL DÍA CON ENERGÍA

ACTIVIDAD 1

En la primera actividad, el alumnado estará sentado en sus respectivas mesas y le pondremos una canción de las frutas (https://youtu.be/aLj4M968CvU).
Posteriormente, veremos que nos han dejado una cesta en el rincón de la cocina, la cual contiene las frutas con sus respectivas cartas/picto con el nombre de las piezas de frutas que utilizaremos, las cuales estarán cortadas cada una en un recipiente.
A continuación, iremos sacando las tarjetas de las frutas e iremos practicando la lectura colectivamente. Para trabajar la escritura utilizaremos la PDI y cada niño/a repasará el nombre de su fruta favorita con el apoyo de las tarjetas.

DESCANSO ACTIVO

Los niños/as realizarán un descanso activo dónde se hará una pequeña actividad de relajación en la zona de la asamblea

ACTIVIDAD 2

En esta actividad procederemos a realizar unas brochetas de fruta, cada uno/a hará su brocheta individualmente, contarán con la ayuda del docente y de los pictogramas.
Repartiremos todas las frutas necesarias para la receta, repartimos los palitos y un plato para cada uno/a, tendrán a su alcance en cada grupo imágenes de varias formas de elaboración con sus respectivas cantidades que tienen que poner en el palo, así a su vez estarán trabajando el conteo, las cantidades y la psicomotricidad fina.
Una vez finalizado el desayuno, seleccionaremos las fotos que más nos gusten entre todos para ponerlas en el libro recetas y marcarlas en la tabla del reto del día.

FINAL DE SESIÓN

Al terminar, completaremos nuestro libro de recetas y la tabla de retos.

Materiales

Utensilios de cocina, frutas, platos de cartón, palos de madera, hojas, PDI y tarjetas.

Espacio

Aula, asamblea.

Sesión 3

NOS ACERCAMOS A LA NATURALEZA

ACTIVIDAD 1

Esta actividad tiene como finalidad ver cuales son los conocimientos previos del alumnado en relación con el huerto. Para ello, abriremos la caja misteriosa en la que encontraran algunos elementos del huerto (herramientas, semillas, tierra...). Contaremos experiencias, hablaremos de sensaciones y haremos preguntas sobre la utilidad de los elementos que hemos encontrado. En este caso, Antonio tendrá a su disposición los pictos en todo momento para facilitar la comunicación.

ACTIVIDAD 2

Esta actividad se realiza en el huerto escolar. Primero el alumnado por grupos recoge las verduras necesarias para posteriores recetas. Después se prepara para realizar juegos al aire libre con esta dinámica. El primero de ellos una carrera de relevos por grupos en la que cada grupo tendrá que llenar la cesta con el máximo número de verduras de cartón posibles. La explicación de la actividad y normas del juego se realizará con un lenguaje claro y sencillo. Además de utilizar los pictos si es necesario. Antonio jugará con el grupo de compañeros/as con los que consideremos que se siente más a gusto y se realizaría la actividad de una duración más corta si fuese necesario en el caso de que él presentase signos de agobio o cualquier otro.

DESCANSO ACTIVO

Hacemos un ejercicio de relajación. Pediremos al alumnado que imagine que tienen un plato de sopa caliente y que inspire por la nariz y espire por la boca hasta que los platos se hayan enfriado. Las instrucciones se darán de manera sencilla y se utilizarán los pictos para que Antonio pueda seguir la actividad.

ACTVIDIDAD 3 Y FINAL DE SESIÓN

Ya relajaditos, estamos listos para escuchar el cuento de "El huerto de pico el erizo".
Al volver a clase, colocaremos la pegatina en la tabla de retos.

Materiales

utensilios básicos para el huerto

Espacio

Patio escolar, zona de huerto, aula y asamblea.

Sesión 4

TE ACONSEJO PROBAR ESTE SALMOREJO

ACTIVIDAD 1

En esta primera actividad descubriremos los ingredientes del salmorejo, ¡pero no es tan fácil!, para ello cada grupo tendrá que descifrar qué ingredientes necesitamos, ya que el nombre de estos alimentos está encriptado con un código secreto. Tendrán un alfabeto cada grupo con el que se ayudarán para descifrarlo.
(Anexo 15: Alfabeto encriptado)
Una vez desvelado el ingrediente, cada grupo deberá escribir su nombre en el libro de recetas con ayuda de sus compañeros

ACTIVIDAD 2

El siguiente paso será realizar la receta del salmorejo, donde en primer lugar dejaremos un tiempo libre para que los niños/as experimenten el sentido del gusto y del tacto tocando y probando los diferentes ingredientes y elaboramos el salmorejo.

DESCANSO ACTIVO

Esta actividad de relajación consiste en que los niños/as son marionetas que están siendo controlados por un marionetista, teniendo un hilo o cuerda en cada extremidad, en la espalda, y la cabeza. Se les va diciendo que el marionetista va tirando de las diferentes cuerdas con el fin de que vayan haciendo diferentes gestos y acciones.

ACTVIDIDAD 3 Y FINAL DE SESIÓN

En esta sesión nos vamos a convertir en verdaderos Chefs y picaremos los elementos del salmorejo, lo batiremos, ¡y listo a comer!
Al terminar, completaremos nuestro libro de recetas y la tabla de retos.

Materiales

Tomates, aceite de oliva, picatostes y ajo
Utensilios de cocina

Espacio

Aula, asamblea.

Sesión 5

| MUFFINS DE COLORES | QR carta del reto |

ACTIVIDAD 1

Una vez introducido el reto, contaremos en esta sesión con la participación de la mamá de uno de los alumnos, que leerá el libro "Mauro hace magdalenas" a fin de conocer qué ingredientes son necesarios para hacer esta deliciosa receta y el tiempo de cocinado que requiere. Se ha adaptado el libro con pictogramas para que a Antonio le resulte más fácil su comprensión.

ACTIVIDAD 2

¡Pero no va a ser fácil!, antes de empezar a hacer los muffins, cada grupo deberá descubrir cuál es el ingrediente que les toca y para ello deberán buscar un código QR (*Anexo 18: Códigos QR*) escondido por la clase y escanearlo. Los alumnos tendrán que escribir los ingredientes en un papel y dibujarlos para hacer la actividad más visual para Antonio.

DESCANSO ACTIVO

Esta actividad de relajación consiste en pedir al niño que mire a otra persona permaneciendo en todo momento quieto y mantener la compostura intentando no reírse, mientras que la otra persona debe hacer todo lo posible por hacerle reír. Sirve desde intentar sostener la mirada, hacer bromas e incluso cosquillas. Esto hace que Antonio trabaja la comunicación no verbal, su empatía emocional y cognitiva y el contacto ocular.

ACTVIDIDAD 3 Y FINAL DE SESIÓN

Pues ahora si llegó el momento, vamos a realizar nuestros muffins y luego decorarlas. Esta actividad se ha adaptado añadiendo pictogramas a cada paso de la receta.
¡Qué divertido!
Una vez terminados, completaremos el libro de recetas y la tabla de retos.

Materiales

Tablet
Harina, huevos, aceite y levadura
Cuento de Mauro hace magdalenas

Espacio

Aula, asamblea.

Sesión 6

CON ALEGRÍA TRABAJAMOS EN LA PIZZERÍA

ACTIVIDAD 1

Esta actividad tiene como finalidad recopilar todos los ingredientes necesarios para hacer nuestra receta. Los ingredientes estarán repartidos por diferentes partes de la clase, entre ellos se encontrarán cebolla, champiñones, tomate, pimiento, berenjena y queso. Para que los alumnos los encuentren, lanzaremos diversas adivinanzas cortas que serán expuestas en la pantalla digital para que todos puedan verla. Estas adivinanzas estarán presentadas de forma escrita, con formato audio y con apoyo visual para facilitar la comprensión del alumno TEA. También contaremos con la presencia del PT.

Ejemplo adivinanzas: "Nuestra piel es roja o verde y tenemos rabito, si nos cocinas ¡estamos muy ricos! - El pimiento."

Cuando todos los grupos hayan dicho sus respuestas, desvelaremos el ingrediente sorpresa y así sabrán si han acertado. Una vez desvelado, dos alumnos de cada grupo lo buscarán por la clase y los llevará a su mesa, así hasta conseguir los 6 ingredientes.

DESCANSO ACTIVO

Visualizaremos el siguiente vídeo: https://www.youtube.com/watch?v=csdFztoyYYY

Debido a la hipersensibilidad del alumno TEA, sobre todo al ruido, moderaremos el volumen del audio. También le daremos la libertad para que se mueva por clase para evitar sobrecarga de información y focalice su atención.

ACTIVIDAD 2

Daremos a los alumnos cajas con diferentes departamentos, donde recolocarán lo distintos alimentos que han recopilado en la actividad anterior. Daremos etiquetas con los nombres escritos y usaremos pictogramas en el enunciado. El equipo tendrá que ordenar y clasificar cada alimento en su lugar. Tras esto, le daremos a los alumnos una base de pizza de gomaeva con velcro incorporada. Los alumnos tendrán que elaborar la pizza con los ingredientes que tienen en la mesa.

FINAL DE SESIÓN

Completar el libro de recetas y colocar la pegatina en el tablón de retos.

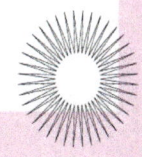

Materiales

Adivinanzas, verduras de fieltro, masa de gomaeva, cajas.

Espacio

Mesas, sillas, asamblea.

Sesión 7

Nos evaluamos

Esta última sesión servirá tanto de evaluación como de autoevaluación para el alumnado. Se llevará a cabo una asamblea para relacionar aspectos de las sesiones realizadas con anterioridad.
El alumnado, de manera oral, contará cómo se han sentido, si les han gustado las actividades, que han disfrutado más.
Con esto se trabajará el tiempo de espera, normas de comunicación, etc.
Como ya sabemos, Antonio tiene dificultades para comprender el lenguaje y su lenguaje es escaso porque se le adaptarán algunas preguntas de manera más sencilla y con pictogramas para que él solo tenga que contestar con el vocabulario que tiene o de manera afirmativa y negativa.
Después de las preguntas, se realizará una ficha interactiva de sí y no como la que aparece al escanear el código QR; para Antonio se adaptará con pictogramas y si puede encontrar alguna dificultad con alguna cuestión se le proporcionará ayuda.

EVALUACIÓN DE LA PROPUESTA

La evaluación de la propuesta se realizará a través de una rúbrica en la que observaremos si se han cumplido o no los objetivos que nos hemos planteado de atención a la diversidad. En el *Anexo 22* se puede observar un ejemplo de ítems que aparecen.

El alumnado con NEE será evaluado a su vez con las mismas rúbricas de sus compañeros en cuanto al contenido, ya que la evaluación en sí se encuentra diversificada y respetando la individualidad de cada alumno, sin embargo, se tendrá en cuenta sus limitaciones y sus capacidades, valorándose en todo momento el esfuerzo, la motivación e implicación del mismo en la realización de las actividades de las distintas sesiones. De esta forma, regulamos el nivel de exigencia en la evaluación.

Pero aun así, crearemos una pequeña rúbrica autoevaluativa, donde el alumnado con NEE podrá dar su opinión sobre si le ha gustado o no la sesión del día para recibir por su parte un feedback.

El alumno evaluará con una pegatina verde de manera positiva y con una roja de manera negativa la sesión.

Una vez revisado todo el proyecto y habiendo realizado la evaluación mediante la rúbrica, se ha visto que los objetivos se han cumplido, y, por tanto, creemos que la propuesta realizada ha sido adecuada.

INSTRUMENTOS DE EVALUACIÓN

Es esencial a la hora de evaluar tener en cuenta que el aprendizaje es un proceso constructivista, que no se crea memorizando respuestas, sino a través del ensayo-error y la reflexión, y ello requiere un tiempo (Guillén, 2017). Por ello, la evaluación que se va a llevar a cabo es continua y formativa. Llevar a cabo este tipo de evaluación nos va a permitir valorar el esfuerzo y progreso del alumnado durante todo el proceso y no únicamente el resultado final. Además, también nos permite "detectar las necesidades reales del alumnado y poner soluciones para mejorar su aprendizaje" (Guillén, 2017; p.198).

Para evaluar las situaciones de aprendizaje planteadas se lleva a cabo una observación directa y sistemática, utilizando para ello una lista de control, basada en los criterios de evaluación presentados anteriormente. Esto se complementa con la utilización del cuaderno del profesor.

Durante las diferentes sesiones, también se utilizan diferentes instrumentos de evaluación como las rúbricas, listas de cotejo, dianas de evaluación o la escala de metacognición.

Es esencial también para el proceso de evaluación, conocer las emociones del alumnado durante las diferentes actividades.

ELEMENTOS DE EVALUCIÓN Y AUTOEVALUACIÓN

RÚBRICA

DIANA DE AUTOEVALUACIÓN

ESCALERA DE METACOGNICIÓN

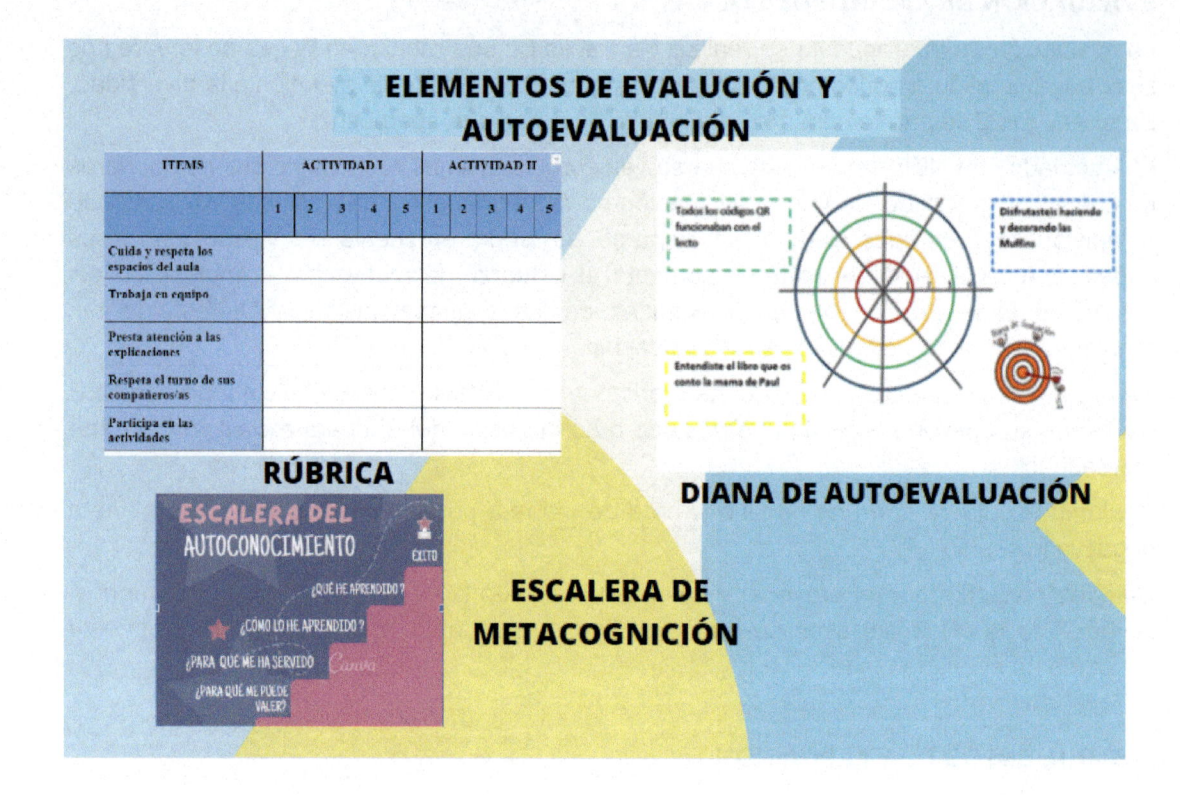

VALORACIÓN FINAL Y CONCLUSIÓN DEL PROYECTO

El diseño de una unidad didáctica implica conocer el alumnado al que va destinada, para poder llevar a cabo la planificación de unos saberes básicos adaptados al nivel del grupo, la organización temporal atendiendo al ritmo de los alumnos y la creación de actividades que conlleven a la consecución de los objetivos marcados a través de su realización. Sin embargo, desconocíamos la gran utilidad de la neurociencia para ayudarnos a plantear unidades que les aporten a los alumnos un aprendizaje más enriquecedor y significativo. Los conocimientos de la neuroeducación adquiridos tras la bibliografía consultada y la realización de este proyecto, considerando otros aspectos más peculiares como las funciones ejecutivas, han hecho que nos cuestionásemos la manera de desempeñar las clases con nuestros alumnos. No se trata solo de dar unos contenidos, quizás esto sea lo más irrelevante del proceso de aprendizaje, sino cómo se van a plantear esos contenidos para que los alumnos lo aprendan de manera significativa. Desde estas vías, nos ha hecho plantearnos como aprende nuestro cerebro y cuáles son las metodologías más activas que conlleven mayor activación de las redes neuronales. Partiendo de estas cuestiones, hemos intentado dar forma a una unidad basada en el "cómo se aprende" más que en "qué se aprende", porque en cierta manera, al dar un contenido, depende de la forma en la que lo des que este se convierta en el eje de un proceso interdisciplinar.

Así mismo, este proyecto ha cambiado nuestra perspectiva sobre la educación, poniendo el foco principal en el alumno, como ser individual que requiere de una atención específica, pero que, a su vez, forma parte de un colectivo con el que comparte cosas en común. De ahí que se comprenda que la evaluación no pueda ser generalista, con un único método evaluativo y con un único instrumento que evalúe lo aprendido al final del proceso, sino que se ofrezca un amplio abanico de instrumentos que nos haga ver la evolución del alumnado, y no solo en cuestiones curriculares, sino en cuestiones de implicación, motivación y diversión. De esta forma, la valoración y evaluación de todo el proceso de aprendizaje será la única forma de brindar al alumnado una enseñanza equitativa y de calidad.

En conclusión, "Con mucho gusto" es el nombre que le hemos dado al proyecto, ya que es así como los hemos elaborado y con él hemos pretendido mostrar situaciones de aprendizaje desde un enfoque innovador, funcional, inclusivo y, sobre todo, motivador para el alumnado.

Esta historia no tiene fin, sino un punto y seguimos. Fue tan maravillosa la respuesta por parte de los pequeños/as chefs que la cocinera se quedó fascinada. Entre todos/as consiguieron crear un recetario diferente, donde cada uno/a de ellos/as dejó su huella de creatividad, gusto e ilusión.

Y tú qué me estás leyendo ¿te animas a poner en práctica con tu clase nuestra propuesta de "Con mucho gusto"? te aseguro que no te arrepentirás

REFERENCIAS BIBLIOGRÁFICAS

Ley Orgánica 2/2006, de 3 de mayo, de educación, modificada por la Ley Orgánica 3/2020, de 29 de diciembre

Guillén, J.C. (2017). *Neuroeducación en el aula: de la teoría a la práctica.* Publicación independiente.

Mora, F. (2013). *Neuroeducación. Solo se puede aprender aquello que se ama.* Alianza

NortTea (4 de Abril de 2021). Ajustes educativos para el alumnado con TEA: *¿Se conocen todas las opciones existentes?* Recuperado el 13 de Diciembre de 2022 de Ajustes educativos para el alumnado con TEA: ¿se conocen todas las opciones existentes? | Nortea

Palau, S. (2013). Pictogramas y recursos para la Comunicación Aumentativa y Alternativa (CAA). ARAASAC

Las *mamás* y los *papás* se han ido, nos han dicho que **podemos jugar** con todos los juguetes de la clase, pero yo no conozco al resto de compañeros ni cómo se llaman.

Peques, mirad.

En las mesas están *nuestras fotografías*, ya sé por qué mi mamá me llevó a esa tienda con los rizos repeinados y la camiseta azul nueva. Estoy al lado de **dos nenas y dos nenes**, pero ¿cómo se llaman? Ah, pero si esa *canción* me la sé, y los demás también, *¡qué guay!* Me encanta el **popurrí de las manos**.

Había una vez una mano, que subía bajaba y subía,
Que si estaba contenta bailaba, y si estaba triste se escondía,
Había una vez otra mano, que sacudía, sacudía, sacudía,
Que si estaba contenta bailaba y si estaba triste se escondía…
Había una vez dos manos que aplaudían, que aplaudían, que aplaudían,
Que si estaban contentas bailaban y si estaban tristes se escondían.

Después de *almorzar*, hemos bajado al patio, hay muchos triciclos, bicicletas y patinetes, dos casitas de juguete para jugar al lobo y a los tres cerditos, un tobogán, un huerto y un arenero. Yo me he ido corriendo a la *cocinita del arenero*, mi abu siempre me lleva a un parque muy grande donde hay **mucha arena** y jugamos a **hacer comiditas y castillos**, pero hoy estoy *solo*, las maestras **nos miran**, los niños y niñas mayores **gritan y juegan** con los patinetes, van muy rápido. Una niña que se sienta en el *equipo naranja*, como yo**, me sonríe** y me da una sartén de plástico, yo a cambio le he dado el cucharón de madera que tenía entre las manos,

¡tengo una amiga!

Jugamos juntos, ella **coge arena** con el cucharón y la mete en un cubo, yo **lleno la sartén** y la meto en el horno de la cocina, viene un *nene*, pero creo que es del **equipo rojo**, quiere coger la sartén del horno y yo no quiero, buahhhhhh...

Chicos, *¿qué ha pasado?* *Los juguetes están para compartir*, son de todos, ¿qué os parece si jugamos al corro de la patata?

¿Al corro de la patata?

Al corro de la patata, comeremos ensalada, como comen los señores, patatitas y limones, que sí, que no, que caiga un chaparrón, con azúcar y turrón, que siga lloviendo, los pájaros corriendo, las nubes se levantan, que sí, que no, que caiga un chaparrón, que rompa los cristales de la estación, los tuyos sí y los míos, no.

CREÁNDONOS JUNTOS

Ana García Castillo, Noemi Hernández Delgado, Marta Herranz Martínez, Maribel Mateo Giménez, Aina Mollá Zaragozá, Yurena Rodríguez Montserrat

CREÁNDONOS JUNTOS

"LO EXTRAORDINARIO DE LAS HUELLAS, ES QUE NO HAY DOS IGUALES" (S.F.)

Ana García, Noemi Hernández, Marta Herranz, Maribel Mateo, Aina Mollá y Yurena Rodríguez

La neuroeducación es la ciencia aplicada a la educación. Así pues, busca la activación del sistema límbico a través de trabajar las funciones ejecutivas. ¿Cómo se ve esto en el aula? ¡Muy fácil! Cuando tú, como docente, les hablas desde tu vocación, desde tú pasión. Situándose a la misma altura que ellos. Cuando aprenden de la naturaleza, de su entorno más natural. Y de la forma más natural para ellos, es decir, mediante el juego, manipulación y experimentación. Cruzando curiosidad en el ambiente o soltando datos tan curiosos y fascinantes que son más fáciles de recordar que rojo es *"red"* en inglés:

Niño 1: Y si su padre no es calvo, lo tiene que ser su tío.

Maestra: No, su abuelo.

Niño 1: Eso.

Maestra: ¿Y cómo os…? [mira al Niño 2] ¿Y cómo te has acordado tú de eso?

Niño 1: Yo también me he acordado.

Niño 2: Inteligencia…

Maestra: O sea, te acuerdas de eso… Pero no te acuerdas de inglés

Niño 2: Es que, cuando él [señala al Niño 1] ha dicho que tenía solo un pelito, he pensado eso. Eso es lo que he pensado yo.

Maestra: Pero te acuerdas, de lo que yo te explique un día, de que si su padre era calvo, él también va a ser calvo… ¿Y no te acuerdas del vocabulario que llevamos repasando un mes en inglés?

Así, la neuroeducación también se presencia cuando se ve el movimiento como un elemento fundamental para el correcto aprendizaje; y, sobre todo, dando paso a las emociones. Permitir llorar, reír o enfadarse, siempre para reflexionar sobre ello. ¡Ah! ¡Y permitir crear! Ensuciarse si hace falta, aprender sin tener miedo a la suciedad. Pues, como dijo Albert Einstein:

La creatividad es la inteligencia divirtiéndose.

Accede al video de esta introducción mediante los siguientes Qr:

REEL SHARED ON JAN 12, 2023
BY UNAMESTRETAREBEL

A raíz de la idea de trabajar la neuroeducación en el aula, se ha planteado una propuesta, un proyecto, basado en esta corriente. Para ello, se expone un ejemplo que está pensado para ser implementado en contextos cercanos a la naturaleza y parajes naturales y teniendo en cuenta las características del centro. Asimismo, para su óptima elaboración se ha tenido en cuenta que todo centro y contexto tiene unas debilidades que hay que corregir, fortalezas que se deben mantener, amenazas que afrontar y oportunidades que explotar. Por ello, se debe realizar previamente un análisis del contexto en base a la estrategia DAFO (Debilidades, Amenazas, Fortalezas y Oportunidades) y las acciones necesarias a realizar por parte de la comunidad educativa mediante la estrategia CAME (Corregir, Afrontar, Mantener y Explotar) para que sea totalmente adecuada a cada situación educativa.

Estrategia DAFO		Estrategia CAME	
Debilidades	Se analizarían los puntos débiles del profesorado, centro y alumnado para conocer los aspectos limitadores que van a afectar al desarrollo de la intervención.	**Corregir**	Una vez obtenidos los puntos débiles de todos los agentes involucrados en la intervención estableceremos una serie de herramientas con el fin de corregir esas debilidades de las que partimos.
Fortalezas	Se investigaría aquellos recursos que poseen tanto materiales, personales y espaciales para llevar a cabo propuestas de intervención de la forma más eficaz posible.	**Mantener**	A raíz de las fortalezas existentes, se llevarían a cabo diferentes estrategias metodológicas para poder mantener las fortalezas y recursos existentes.

Amenazas	Se analizaría los posibles factores internos o externos que podrían resultar perjudiciales para la intervención.	**Afrontar**	Se trata de establecer una serie de pautas y pasos a seguir con el objetivo de poder hacer frente a los inconvenientes que pueden afectar de forma negativa a nuestra intervención.
Oportunidades	Hace referencia a todos aquellos recursos y factores ajenos a nuestra intervención que pueden llevar consigo mejoras o facilidades. De esta forma se investigaría cuáles son las oportunidades que se brindan en su entorno natural y en su entorno educativo para la mejora de la propuesta de intervención.	**Explotar**	Una vez conocidas las oportunidades, factores y recursos ofrecidos de sus entornos naturales, educativos y familiares, se pondrían en práctica con el fin de exprimir al máximo los beneficios que nos pueden brindar en la intervención.

Así pues, el proyecto está pensado para ser tratado con grupos heterogéneos, es decir, que en la clase hay niños y niñas de 3, 4 y 5 años. Por ello, se tienen en cuenta las características psicoevolutivas, basándose en lo dicho por Portellano (2010, pp. 298-299), a grandes rasgos y de manera general, para desarrollar de la manera más eficaz la propuesta. Cognitivamente, a los 3 años dibujan círculos y cuentan hasta tres objetos; a los 4 distinguen tamaños de líneas y dibujan la figura humana; y a los 5 copian triángulos y cuentan hasta diez. Paralelamente, a nivel socioafectivo, con 3 años manifiestan un control de esfínteres durante el día, realiza rutinas como, por ejemplo, ayudar a vestirse o lavarse las manos, y colabora en los juegos; a los 4 va solo al baño, se inicia en la etapa de los "¿Por qué?" y canta y baila para los demás; y, cuando llegan a los 5 años, la rutina de vestirse la realizan solos y solas, además de participar en juegos de emulación y competición.

A nivel lingüístico, a los 3 años sabe decir su edad y repite frases cortas que conlleven entre seis y siete sílabas; a los 4 saben enumerar hasta cuatro objetos, elaboran frases de diez palabras y narran historias; y a los 5 años preguntan por el significado de palabras y denominan los cuatro colores. Por último, a nivel psicomotor, el alumnado de 3 años muestra una capacidad para montar en triciclo y saltar por encima de una cuerda; el de 4 salta a la pata coja, lanza y recibe pelotas, y empieza a tener un dominio de las tijeras para recortar; y el de 5 realiza nudos con cuerdas y no necesita supervisión al pasear, puede dar paseos de forma autónoma.

De la misma manera, se ha pensado en que en el aula pueda haber un alumno TEA grado; exactamente, se caracteriza como un niño que presenta: un lenguaje limitado, repitiendo lo que oye; tiene obsesión por determinados juguetes, usando estos inadecuadamente, tendiendo a ponerlos en fila; desconoce las reglas del juego adaptándolas a lo que él quiere hacer; presenta dificultad para socializar con los demás, establece contacto visual y responde ante su nombre; desobedece ante las instrucciones que se le dan; muestra especial interés por las letras, tendiendo a vocalizarlas cuando ve un abecedario, y también por los números, repitiéndolos cuando los ve escritos y contando objetos que se encuentran agrupados; tiene obsesión por el orden y la rutina; y se muestra agresivo a través de rabietas sin razón aparente o porque no obtuvo algo.

Antes de su escolarización en el centro, ya se le diagnosticó un Trastorno Generalizado del Desarrollo no especificado según el Manual Diagnóstico y Estadístico de los Trastornos Mentales conocido como DSM-IV-TR (2013) de la Asociación Psiquiátrica Americana. Este término ha sido modificado en el actual DSM-V por el de Trastorno del Espectro Autista (TEA). Una vez explicado esto, cabe mencionar que, a los 3 años, este alumno fue escolarizado en un centro ordinario, tras el resultado de diferentes pruebas como: el inventario-idea de Ángel Riviere y el WISC.

Para poder llevar a cabo este proyecto y alcanzar la plenitud dentro de la intervención neuroeducativa, es necesario poder establecer las finalidades a las que se pretende llegar, y las mejoras que se quieren alcanzar dentro del colectivo con el que se va a trabajar.

Asimismo, la presente intervención está destinada a un grupo heterogéneo de 3, 4 y 5 años. Donde dentro del aula se incluye un alumno con TEA (Trastorno del Espectro Autista) entre otros alumnos con necesidades específicas de apoyo educativo. Por lo tanto, es necesario poder trabajar la inclusión dentro del aula así como encontrar las bases que se ajusten a las necesidades e intereses del niño.

Como se puede observar en el vídeo *Qué es el Asperger y cómo trabajarlo en el aula* se establece que se caracteriza por la presencia de una alteración cualitativa en el desarrollo de tres áreas funcionales concretas: la capacidad de relación social, competencias de comunicación y flexibilidad mental. Las cuales se deberán trabajar dentro del proyecto neuroeducativo enfocadas tanto al niño con TEA como al resto de sus compañeros/as, ya que suponen tres áreas importantes tanto para favorecer la inclusión como para el desarrollo íntegro de todas las personas.

De este modo, además de trabajar con este colectivo, se pretende trabajar en sintonía con sus familias, con las personas con las que interactúan y en los entornos donde se desarrollan, ya que para poder llevarlo a cabo es fundamental que tanto las personas como el entorno se adapten a ellos/as y sepan intervenir para su bienestar total, de cara a su evolución personal y comunitaria.

Asimismo, se presentan los siguientes objetivos que servirán como guía para poder desarrollar el presente proyecto en su plenitud:

- Promocionar y defender la inclusión como aspecto fundamental para una buena convivencia.
- Establecer líneas de actuación que favorezcan al desarrollo personal, social e intelectual de las personas con las que trabajamos.
- Proporcionar herramientas de trabajo que permitan un mayor conocimiento sobre el TEA.
- Ofrecer actividades y entornos inclusivos donde se potencien los momentos en grupo.

Según Santos Guerra (2009), *evaluar es un proceso extremadamente complejo que permite poner en evidencia las concepciones, principios y actitudes que se tiene sobre la enseñanza y aprendizaje. Se evalúa para saber si se ha aprendido y si se puede aprender más y mejor y, durante esta, se tiene que tener en cuenta que hay muchos sentimientos en juego (profesorado y alumnado). Por lo tanto, es una situación muy diversa, que permite aprender no solo al alumnado sobre en qué aspectos puede mejor, sino que también el profesorado sobre detalles que puede rectificar y mejorar en su futuro próximo.* Por esta razón, hay que destacar que la propuesta debe evaluar, por un lado, el grado de adquisición de las capacidades planteadas por parte del alumnado; y, por otro, la práctica docente y de todos los condicionantes (recursos materiales, temporales... y la propuesta didáctica) que pueden haber condicionado el resultado obtenido del proceso de Enseñanza-Aprendizaje, realizando tanto una autoevaluación como una heteroevaluación.

Además, el carácter que tiene que adoptar esta: global, continúa y formativa. Así, como se trata de una evaluación continua, existen diferentes momentos para evaluar. En la propuesta que aquí se presenta, la intención sería dedicar un momento de valoración, reflexión y diálogo después de cada actividad, que no es otra cosa que una sencilla evaluación. A pesar de todo, a final de cada unidad didáctica y trimestre se llevaría a cabo una evaluación global y formativa de aquello visto y tratado hasta el momento. Finalmente, se realizaría una valoración global del curso teniendo en cuenta la evolución del alumnado.

Las técnicas e instrumentos para llevar a cabo estos procesos podrían ser, así, la técnica de la observación, revisión de tareas y entrevistas mediante los instrumentos del registro anecdótico, fichas, construcciones y trabajos, y guión de entrevistas son totalmente recomendables para hacer una evaluación sencilla y continua. Además, para evaluar cada unidad, trimestre y el curso académico, con la técnica de la observación, se podría emplear una escala de estimación de categorías (No manifiesta, Iniciado, En proceso y Consolidado) de diferentes conductas observables, las cuales se podían disponen en una rúbrica (todo esto se puede ver de manera práctica en el anexo 1).

De esta manera, pasamos a exponer una breve definición sobre el concepto de metodología. Según la Unir Revista (2020), *es el sistema que emplean los y las maestras para planificar sus clases, armándose con varias herramientas con el objetivo último de que el alumnado consiga los objetivos y las competencias que se determinan para cada nivel.* Por esta razón, las actividades que se muestran en las siguientes páginas, estarían distribuidas para ser implementadas en 4 ambientes. La dinámica sería que el alumnado escoja a inicio de curso el ambiente en el que quiere estar y, como se trata de 4 ambientes (Arte, Biología, Psicología y El hogar), se les ofrecería durante el curso ese mismo número de posibilidades para cambiar de temática. Así, se fomenta, al mismo tiempo, el interés hacia el resto de espacios y temáticas. Paralelamente, al estar distribuidos por temáticas y no por edades, formando grupos heterogéneos, se potencia la empatía y el cooperar y ayudar al otro, pues para resolver una actividad tal vez se necesite un consejo de alguien que tenga más saber y que este no sea el adulto de manera inmediata y necesaria.

La metodología por ambientes consiste en establecer diferentes espacios de aprendizaje, relación y comunicación donde, a partir de diversas propuestas, el alumnado puede actuar, observar, experimentar, construir, inventar, imaginar, compartir, emocionarse... e interactuar con los demás. Además, la organización de los ambientes se puede realizar en distintos lugares, desde el aula hasta en zonas de paso, lo cual hace que sea altamente vital delimitar y diferenciar bien los espacios. El reto de trabajar por ambientes surge al tener que crear espacios adecuados a cada edad y que sean generadores de relaciones sociales y encuentros, que sean dinámicos e inviten a jugar, que permitan la construcción de conocimiento conjunta y sean generadores de cultura.

Por eso, se dice que los principios clave de esta metodología se resumen en:

- El alumno o alumna construye su propio aprendizaje.
- El docente adquiere un rol de guía y mediador del proceso de aprendizaje.
- Favorece la motivación intrínseca y extrínseca de los alumnos.
- Potencia las relaciones interpersonales.
- Utiliza el juego como recurso didáctico.
- Plantea la organización de los espacios y materiales como principal estrategia didáctica.

Visto esto, en cada ambiente se presentarán diferentes Situaciones de Aprendizaje mediante Unidades Didácticas (a partir de ahora UU.DD.) y, en cada una de estas, se planificarían diferentes actividades que tienen una temporalidad de dos semanas. Así, estas propuestas trabajan diferentes habilidades que en este trabajo se diferencian pero, aun así, se trabajarían de manera transversal. Por ello, a modo ejemplo, a continuación se muestran 8 UU.DD., 2 por ambiente), y en cada una de ellas se explica cómo se trabajarían las diferentes habilidades que se habrían querido destacar poniendo un caso práctico como ejemplificación.

Adicionalmente, con esta propuesta se ha buscado desarrollar las funciones ejecutivas puesto que desde la neuroeducación y neurociencia se busca que, cada vez más, estás tengan mayor fuerza y prevalencia en el mundo educativo. Como se puede ver en el vídeo de *Emociones: El sistema límbico,* las funciones ejecutivas se encuentran ubicadas en diferentes partes del sistema límbico y, al trabajarlas, potenciamos muchos procesos neuronales que favorecen el aprendizaje, el control emocional y una mejor calidad de vida futura.

Por esta razón, en las siguientes tablas, se muestra la actividad o propuesta que se realizaría en una determinada UU.DD., qué función ejecutiva se vería más comprometida, así como que emoción despertaría; la explicación de cómo se llevaría a cabo y qué conclusión o reflexión se extraería tras la puesta en escena de la propuesta.

Leyenda de las tablas

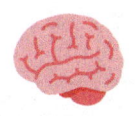

Memoria de trabajo	Control de impulsos	Flexibilidad cognitiva

Ambiente de la Biología; UU.DD.: Las plantas

Habilidad: Lectoescritura	
Juego: Caja de sonidos florales	**F.E**
Emoción Proposición de reto, alegría	**Acción** Deben asociar fonema-grafema de las letras de distintas flores y las del abecedario
Reflexión Deben asociar fonema-grafema de las letras de distintas flores y las del abecedario	**Principio DUA** En realidad aumentada y un QR ver la flor, sus partes y la letra con la que se asocia

Habilidad: Lógico-matemática	
Juego: ¿Cuántas frutas tengo?	**F.E**
Emoción Proposición de reto, motivación, orgullo	**Acción** Deben contar cuántas frutas contienen los árboles que se les da y clasificarlos en la representación gráfica del número que representa dicha cantidad
Reflexión Se habla sobre la agricultura, y las experiencias del alumnado en el campo	

Habilidad: Psicomotricidad fina	
Juego: Grafismo natural	**F.E**
Emoción Expresión y libertad motora	**Acción** Hacer grafismos con distintos elementos de la naturaleza: arena, piedras, trozos de corteza de árbol...
Reflexión Hacer una apreciación de la gran cantidad de materiales útiles que nos puede aportar la naturaleza. Por esto mismo, se transmite el valor del respeto y cuidado del entorno	

Habilidad: Psicomotricidad gruesa	
Juego: Interpretamos a los herbívoros	**F.E**
Emoción Espacios abiertos, gran movimiento y ambiente afectivo	**Acción** Representar con el propio cuerpo algún herbívoro de nuestro entorno natural que hay en el contexto escolar
Reflexión Reflexionar sobre la suerte de tener la naturaleza tan cerca para disfrutar de ella y cómo cuidarla	

UU.DD.: Los animales

Habilidad: Lectoescritura	
Juego: Animales en nuestras pizarras magnéticas	**F.E**
Emoción Motivación, orgullo	**Acción** Relacionar fonema-grafema de la letra por la que empieza cada animal con las letras del abecedario
Reflexión La importancia de nombrar a cada cosa por su nombre y tener cultura sobre el mundo animal	

Habilidad: Lógico-matemática	
Juego: Seriación de animales	**F.E**
Emoción Proposición de reto, alegría	**Acción** Se ofrecen diferentes patrones de seriación y ellos deben reproducirlos y/o seguirlos
Reflexión Se reflexiona sobre las características individuales y cómo hay que respetar que cada uno es quien es	

Habilidad: Psicomotricidad fina	
Juego: Cuidamos los animales	**F.E**
Emoción Empatía y respeto. Ambiente afectivo y de participación	**Acción** Cuidado de animales mediante peluches y utensilios de cuidado de juguete para jugar simbólicamente
Reflexión Importancia de cuidar y respetar a los animales, ya que estos no son juguetes	**Principio DUA** Material propio para el alumnado con TEA e instrucciones con apoyo visual

Habilidad: Psicomotricidad gruesa	
Juego: Exploramos la fauna de nuestro entorno natural	**F.E**
Emoción Espacios abiertos, gran movimiento y ambiente afectivo	**Acción** Explorar el entorno y dibujar la fauna de nuestro entorno
Reflexión Reflexionar sobre los seres vivos que conviven con nosotros y ver cómo cuidarlos y respetarlos	

Ambiente el Arte. UU.DD.: Las formas y simetría

Habilidad: Lectoescritura	
Juego: Cuños con letras	**F.E**
Emoción Expresión gráfica y motivación	**Acción** Después de agrandar un molde de masa húmeda ya hecha, los alumnos deben poner el nombre y primer apellido de los cuños con letras individuales
Reflexión	
Deben identificar las letras de su propio nombre y marcarlo en la masa. ¿Conocen las letras de su nombre y apellido?	

Habilidad: Lógico-matemática	
Juego: Marco decorativo	**F.E**
Emoción Ambiente afectivo y participación	**Acción** Los alumnos deben decorar los marcos siguiendo un patrón dado. Pueden elegir el marco que más les guste
Reflexión	
Los alumnos trabajarán el concepto horizontal y vertical, y el reconocimiento de colores	

Habilidad: Psicomotricidad fina	
Juego: Taller de pulseras	**F.E**
Emoción Expresión y libertad motora y simétrica	**Acción** En grupos de 4 cogerán una goma elástica y realizarán una pulsera con su nombre
Reflexión	
Se observa si los alumnos realizan seriaciones, simetrías entre formas o colores	

Habilidad: Psicomotricidad gruesa	
Juego: Flores de colores	**F.E**
Emoción Reto. Participación y espacio abierto	**Acción** Los alumnos en grupos de 5-6 deberán formar una figura
Reflexión	
Se hace la reflexión de la dinámica de grupos	

UU.DD.: Los colores

Habilidad: Lectoescritura	
Juego: Letras con algodones	**F.E**
Emoción Motivación y movimiento	**Acción** El alumno elige una tarjeta y copia la grafía cogiendo un trocito de algodón, mojándolo en la pintura y marcándolo en el folio

Reflexión

En esta actividad se puede ver la percepción de los alumnos respecto al color y la forma de cada letra

Habilidad: Lógico-matemática	
Juego: Números y colores	**F.E**
Emoción Lógico-pensamiento. Rigidez mental	**Acción** El alumno debe asociar el número a la cantidad. Se utilizarán bolitas de colores. Finalmente tendrá que contar todas las bolitas y escribir el resultado

Reflexión

Analizar el concepto de número y formar uno más mayor realizando una suma

Habilidad: Psicomotricidad fina	
Juego: Construimos casitas	**F.E**
Emoción Proposición de reto: simetrías e imaginación	**Acción** El alumno debe construir la misma figura que se le ha dado en una foto. Utilizaremos pequeñas piedras

Reflexión

Se puede analizar la percepción del alumno

Habilidad: Psicomotricidad gruesa	
Juego: Arañas y mosquitos	**F.E**
Emoción Ambiente afectivo y participación	**Acción** Con gomas de colores deben atravesar la barrera

Reflexión

Se trabaja las habilidades motrices y estrategias

Ambiente el hogar. UU.DD.: La alimentación saludable

Habilidad: Lectoescritura	
Juego: Memory tipos de familia	**F.E**
Emoción	**Acción**
Proposición de reto, alegría. Ambiente afectivo y de participación	El alumno debe encontrar la pareja de cada tarjeta
Reflexión	
Se puede hablar de los distintos tipos de familias que existen	

Habilidad: Lógico-matemática	
Juego: Dominó de la macedonia de letras	**F.E**
Emoción	**Acción**
Proposición de reto, alegría. Ambiente afectivo y de participación	Se trata de jugar al dominó pero con frutas
Reflexión	
Se habla de la importancia que tienen para nuestra dieta y todos los beneficios que nos aportan	

Habilidad: Psicomotricidad fina	
Juego: Creamos nuestro menú saludable	**F.E**
Emoción	**Acción**
Expresión y libertad creativa	En una bandeja y con distintos objetos que tengamos por casa, tenemos que crear un menú saludable
Reflexión	
La importancia de cuidar nuestro cuerpo y de comer de forma saludable	

Habilidad: Psicomotricidad gruesa	
Juego: Gymkana de las rutinas diarias	**F.E**
Emoción	**Acción**
La sorpresa y los cambios de acción. Expresión y libertad motora	Se establecen 4 rincones del hogar. Tendrán que observar y representar cada situación
Reflexión	
Se puede reflexionar sobre la importancia de la autonomía dentro del hogar y de cada una de las actividades de la vida diaria	

UU.DD.: ¿Todas las familias son iguales?

Habilidad: Lectoescritura	
Juego: "Cuentacuentos familiar en la playa"	**F.E**
Emoción	**Acción**
Ambiente afectivo y de participación	Taller de cuentacuentos en la playa, efectuado por los familiares del alumnado
Reflexión	**Principio DUA**
Aprender las distintas emociones a través de los cuentos	Lecturas adaptadas, mediante pictogramas y dibujos sensoriales

Habilidad: Lógico-matemática	
Juego: "Contamos el número de familiares por el que está compuesta nuestra familia"	**F.E**
Emoción	**Acción**
Ambiente afectivo y de participación	El alumnado tendrá que traer una foto de su familia. Realizarán el conteo de sus familiares, y trabajarán sus edades correspondientes
Reflexión	
Conocer la diversidad familiar, los tamaños de las familias y la edad de sus familiares	

Habilidad: Psicomotricidad fina	
Juego: "Construimos nuestro árbol genealógico"	**F.E**
Emoción	**Acción**
Ambiente afectivo y de participación. Expresión y libertad creativa	Los niños construirán un árbol genealógico con las fotografías de su familia que han traído al aula
Reflexión	
Reforzar su vínculo emocional, y fortalecer su identidad personal	

Habilidad: Psicomotricidad gruesa	
Juego: "Asumimos el rol de supermamás y superpapás"	**F.E**
Emoción	**Acción**
Expresión y libertad motora	Los alumnos, tendrán que asumir el rol de supermamás y superpapás, respetando las funciones de las tareas domésticas
Reflexión	
Aprender las tareas del hogar y promover la coeducación y la corresponsabilidad familiar	

Ambiente la psicología. UU.DD.: Inteligencia emocional

Habilidad: Lectoescritura	
Juego: Detective emocional	**F.E**
Emoción Ambiente afectivo y de participación	**Acción** Cuentan una anécdota o un hecho de interés para que los compañeros identifiquen qué emoción ha sentido, escribiendo sobre la arena el nombre
Reflexión Se trabaja la lectoescritura, la identificación de emociones, la escucha activa y la empatía	

Habilidad: Lógico-matemática	
Juego: Tablero las emociones	**F.E**
Emoción Proposición de reto, alegría	**Acción** El alumnado jugará con un tablero similar al de la oca pero basado en las emociones. Según la casilla que caiga, tendrá que realizar un reto
Reflexión Favorecen los procesos cognitivos de manera lúdica las emociones así como, la aceptación de errores, capacidad de reflexión y control de impulsos	

Habilidad: Psicomotricidad fina	
Juego: Somos cirujanos	**F.E**
Emoción Expresión y libertad creativa	**Acción** Un tablero con forma de cerebro, los niños deberán simular que están realizando una intervención de cirugía. Consiste en extraer las emociones del cerebro con unas pinzas sin tocar los bordes que la rodean
Reflexión Explorar sus habilidades óculo-manuales, identificar su cuerpo inferior y emociones	

Habilidad: Psicomotricidad gruesa	
Juego: Técnicas de relajación	**F.E**
Emoción Ambiente afectivo y de participación	**Acción** Realizar técnicas de relajación: https://www.youtube.com/watch?v=OUTDmB2jwFM
Reflexión Conocerse así mismo, ganar autocontrol, saber cómo se siente	**Principio DUA** Apoyos visuales para comprender las instrucciones de autorregulación de conducta. https://www.youtube.com/watch?v=BdOWNd5KtLk

UU.DD.: Las emociones

Habilidad: Lectoescritura	
Juego: La sílaba que falta	**F.E**
Emoción	**Acción**
Proposición de reto	A través de folios se presentan diferentes dibujos de caras expresando las emociones básicas. Al lado de cada una aparecerá la frase escrita pero incompleta.
Reflexión	
Al finalizar la actividad, entre todas las personas se pondrán en común las emociones expresadas en los folios	

Habilidad: Lógico-matemática	
Juego: ¿Cómo me siento?	**F.E**
Emoción	**Acción**
Ambiente participativo	Se presenta un panel con números del 1 al 10 reflejando el grado de intensidad de emociones para identificar su grado
Reflexión	
A través de esta actividad son conscientes de cómo se están sintiendo en cada momento. Se trabaja la educación emocional y la inteligencia emocional	

Habilidad: Psicomotricidad fina	
Juego: Expresando emociones con plastilina	**F.E**
Emoción	**Acción**
Exteriorización de sentimientos y emociones	Se reparte plastilina para jugar con ella de la forma que quieran. Al mismo tiempo les preguntamos qué sienten
Reflexión	
Así se trabaja la expresión emocional a través de la plastilina permiten trabajar la psicomotricidad fina	

Habilidad: Psicomotricidad gruesa	
Juego: Vamos a bailar	**F.E**
Emoción	**Acción**
Expresión corporal	Se reproducen diferentes canciones. Ellos y ellas expresan su creatividad a la vez que manifiestan lo que sienten a través de su cuerpo
Reflexión	
Se harán unas preguntas para que expresen cómo se han sentido en cada canción y que emoción han sentido	

Para concluir el proyecto educativo expuesto, se establece una valoración que permite echar la vista atrás y asimismo, reflexionar acerca de lo aprendido durante la elaboración del proyecto.

De esta forma, una vez finalizado se puede afirmar que ha sido un trabajo donde la vía principal para adquirir información ha sido la observación, ya que se ha demostrado así la gran necesidad que presentan los centros educativos en cuanto a la elaboración de nuevas situaciones de aprendizaje inclusivas con todas las necesidades.

Todo ello se debe a que cada persona, en este caso, cada estudiante presenta un ritmo particular de aprendizaje, la cual no debería de ser vista como un aspecto negativo. Al contrario, debería de verse como un reto continuo por parte de todos y todas las profesionales de la educación para demostrarse a ellos mismos que son capaces de ofrecer la mejor atención posible tanto de forma individual como de forma colectiva.

A nivel grupal, consideramos que el proyecto elaborado puede servir para que como profesionales de la educación tengamos en cuenta la cantidad de valores, situaciones, necesidades y trastornos que presenta el alumnado de todo centro educativo. Es a partir de este currículum donde se debe iniciar una intervención de calidad.

Finalmente, a través de nuestra propuesta educativa se pretende contribuir a la lucha por la erradicación de la desigualdad en las aulas que de forma inconsciente se transmite a toda la sociedad en general. Únicamente así es posible, ir avanzando de manera igualitaria dentro de los centros educativos, donde se inicia el desarrollo de todo ser humano escolarizado.

ANEXO

Anexo 1 - Rúbricas de evaluación y hoja de registro de elaboración propia.

RÚBRICA DE EVALUACIÓN

UU. DD. 1 - Cocinamos con Hervé Tullet
Alumno/a:

Ítem/Escala	No manifiesta	Iniciado	En proceso	Consolidado
Ha descubierto la alimentación y los hábitos saludables.				
Ha mostrado actitudes de colaboración durante las actividades.				
Muestra autonomía con los hábitos saludables en la alimentación.				
Reconoce los elementos geométricos vinculados a la unidad.				
Es capaz de establecer parecidos entre la geometría y la realidad.				
Identifica la composición de un menú.				
Utiliza el arte como forma de expresión.				
Hace uso de la técnica de Hervé Tullet para representar alimentos.				
Ha empleado técnicas plásticas vinculadas con la pintura.				

Observaciones:

REGISTRO ANECDOTARIO

ALUMNO/A:

FECHA:

CONCEPTO:

ACTIVIDAD:

DESCRIPCIÓN DE LA SITUACIÓN	ANÁLISIS/INTERPRETACIÓN

REFERENCIAS BIBLIOGRÁFICAS GENERALES

Bibliografía

Cornago, A. (2012). *Manual de teoría de la mente para niños con autismo*. Promolibro

Martos, J. & Llorente, M. (2017). *El niño al que se le olvidó cómo mirar*. La Esfera

Mesibov, G.B. (2021). *El acceso al currículo para el alumno con TEA: utilizando el programa TEACCH para favorecer la inclusión*. Autor-editor

Peeters, T. (2008). *De la comprensión teórica a la intervención educativa*. Autismo Ávila

Portellano, J.A. (2010). *Introducción a la neuropsicología*. McGraw Hill

Santos, M.A. (2003). *Una flecha en la diana: la evaluación como aprendizaje*. Narcea.

Schaeffer, B. (2005). *Habla asignada para alumnos no verbales*. Alianza

Webgrafía

Walsh, J. (s.f.) *Emotions: cerebral hemispheres and prefrontal cortex* [Vídeo file]. Recuperado de: **https://www.khanacademy.org/test-prep/mcat/processing-the-environment/emotion/v/emotions-limbic-system**

Recursos Aula. (2019). *Qué es el ASPERGER y Cómo Trabajarlo en Clase* [Vídeo]. Youtube.**https://www.youtube.com/watch?v=NQv6EjxiQUI**

Sobares, C. (2021). *La técnica de la tortuga (técnicas de autorregulación emocional)* [Vídeo]. Youtube. **https://www.youtube.com/watch?v=OUTDmB2jwFM**

APNABI AUTISMO BIZKAIA. (2022). *Mujeres TEA* [Video]. Youtube. **https://www.youtube.com/watch?v=ygBhwr3mDLA**

- *Mamá*, quiero para merendar *chocolate*, acuérdate ¡qué **siempre se te olvida**!
- Sí, *cariño*, intentaré acordarme ya sabes que la mami tiene

truenos en la cabeza

jajaja ¡qué pases un bonito día!

Subimos las **escaleras** por la derecha, llegamos a *clase*, dejamos **el saquito y la chaqueta** en nuestra *percha*, cada una tiene **nuestro nombre y nuestra foto**, la primera *letra* de nuestro nombre está de **color** de *nuestro equipo* de **mesa**, decimos: *¡buenos días!* Y nos sentamos en el **suelo**, *María Jesús* está en medio del círculo y empieza la *asamblea*.

¿Qué tiempo hace hoy?

NUBLADO

Mara se ha sentado a mi lado, hoy está **medio dormida**, creo que no ha dormido bien está noche, a lo mejor **ha tenido tos** como yo o una **pesadilla**. *Dani* otra vez tiene **mocos** y se levanta a coger un pañuelo. *Tania* se pone a **jugar con el Lego**, no le gusta participar, creo que *no quiere decir* lo que ha hecho este *fin de semana*. *Antonio* me da la mano, **siempre jugamos juntos, es mi mejor amigo**.

Salimos al *patio* para ver qué **temperatura** hace, yo creo que hace

SOL

pero hemos colocado el *pictograma* de **nublado**, *Celia* es la **encargada** hoy y ha decidido colocar las **nubes y el sol**.

UN VIAJE POR LAS EMOCIONES

Lourdes Ayllón Benavent, Mercedes Ferrer Guillén, Jennifer García Aguilar, Yolanda Lloret Signes, Sandra López Marín, Marina Marco García, Antonia Sánchez Roca

UN VIAJE POR LAS EMOCIONES

Lourdes Ayllón Benavent

Mercedes Ferrer Guillén

Jennifer García Aguilar

SE INICIA LA MAGIA...

Yolanda Lloret Signes

Sandra López Marín

Marina Marco García

Antonia Sánchez Roca

"En el inicio y el final de un trayecto siempre hay una emoción, porque de lo contrario no sería un proyecto"

Eduard Punset

➜ Presentación y justificación

Cuenta la leyenda que las emociones viven junto a las orugas y las mariposas en un país lejano, tan lejano que pocos son capaces de encontrarlas. Las emociones viven escondidas porque tienen miedo de sentir. No obstante, a veces dejan ese miedo que les invade el cuerpo y se atreven a soñar, sueñan tanto que se vuelven un poco traviesas. Es ahí donde sucede su magia.

Hoy, por primera vez, mostrarán al mundo quiénes son. Las emociones asistirán por primera vez a una fiesta, se celebra el Día Internacional del Cine. Tú…sí, tú…querido lector…si quieres puedes ser el protagonista de esta historia.

¿Estás preparado para sentir una revolución de emociones?

Para iniciar con la presentación de las emociones requerimos de la educación. La educación es la semilla que con la ayuda de la sociedad florece con el fin de conseguir una educación de calidad. Esta semilla está considerada la más valiosa del reino ya que a través de ella se promueve la inclusión, la equitatividad y la calidad, tal y como indica el cuarto Objetivo de Desarrollo Sostenible (ODS) (Ministerio de Derechos Sociales y Agenda 2030[1]). El país de las emociones, como explica Cerdán Molina[2] (2020), requiere de la educación para garantizar que todos sus orugas tengan las mismas oportunidades y así puedan desarrollarse hasta transformarse en su mejor versión. Para conseguirlo se necesita regar, nutrir y aportar luz a la semilla de la educación. Es decir, modificar las raíces que ya no se adaptan a la sociedad actual para enfrentar nuevos retos, entre ellos, introducir la educación emocional en la formación de las orugas (Cabello González, Ruiz Aranda y Fernández Berrocal[3], 2010).

---

[1] Ministerio de Derechos Sociales y Agenda 2030. *¿Qué es la Agenda 2030?* [Vídeo]. Recuperado de Ministerio de Derechos Sociales y Agenda 2030 - Agenda 2030 (md sociales 2030.gob.es)

[2] Cerdán Molina, C. (2020). *Una sociedad que entiende que la educación es el pilar de una sociedad sostenible, es una sociedad imparable.* Recuperado de https://www.lawyerpress.com/2020/09/01/una-sociedad-que-entiende-que-la-educacion-es-elpilar-de-una-socieda d-sostenible-es-una-sociedad-imparable/

[3] Cabello González, R., Ruiz Aranda, D. y Fernández Berrocal, P. (2010). Docentes emocionalmente inteligentes. *Revista electrónica interuniversitaria de formación del profesorado, 13*(1), 41-49

La educación emocional supone un reto para el reino ya que hasta el momento según Alonso Puig[4] (2011) únicamente se valoraba la inteligencia y las buenas calificaciones de las orugas. Hasta que en el siglo XXI esta visión entró en crisis ya que la inteligencia no garantiza el éxito de la vida de las orugas. Según Goleman el coeficiente intelectual sólo predice entre el 4 y 10% del éxito profesional (Goleman, 1996; citado en Montes de Oca Aviña[5], 2010). Fernando-Berrocal y

Extremera Pacheco[6] (s.f.) y Punset[7] (2005) añaden que las orugas llegan a mariposas cuando consiguen conocer y gestionar sus emociones, así como descubrir qué les motiva.

Para que todas las orugas lleguen a mariposas, las emociones van a mostrar y compartir sus juegos favoritos en la fiesta del cine. Estos juegos son mágicos ya que comparten un secreto. ¿Estás seguro que quieres conocerlo? Una vez lo conozcas, ya nada volverá a sentirse como antes. Ya te lo contaré…

Estos juegos forman parte de un proyecto dirigido a todas las orugas, tanto a Educación Infantil como a Educación Primaria. Dentro del proyecto hay diferentes situaciones de aprendizaje adaptadas a cada nivel del sistema educativo del reino, resultando ser una unidad didáctica integrada multinivel.

Nuestras amigas las emociones quieren presentarse a través del cine porque tal y como expone Pérez Vallejo[8] (2010), es un medio de comunicación social que está presente en nuestras vidas y por ello, ejerce una gran influencia sobre el comportamiento de las orugas. De acuerdo con Pulido Polo[9] (2016), consideramos que también es relevante integrar el cine en el aula dado que es un vehículo transmisor de la historia, cultura, costumbres, el mundo del arte, la ciencia, la tecnología, la filosofía, los valores, etc. Otra característica del cine a resaltar es que éste es una herramienta que junto a los libros y otros recursos, potencia la imaginación, la creatividad y la opinión crítica de las orugas. Concretamente, en el cine se plantean diferentes situaciones que consiguen que el espectador piense, imagine, empatice con los personajes y se plantee cómo canalizar y resolver un conflicto.

Por todo lo señalado con anterioridad hemos apostado por nuestro proyecto "Un viaje por las emociones".

---

[4] Alonso Puig, M. (2011). *Enc. Internacional Educación Emocional y Social* [Vídeo].YouTube. Recuperado de https://www.youtube.com/watch?v=95oMNg8cZgY&t=201s

[5] Montes de Oca Aviña, J. (2020). *Coeficiente intelectual vs emocional*. Recuperado de https://grupoemprende.com/coeficiente-intelectual-vs-emocional-2/

[6] Fernando-Berrocal,P. y Extremera Pacheco,N. (s.f.). La inteligencia emocional como una habilidad esencial en la escuela. Recuperado de https://aulavirtual.uv.es/pluginfile.php/1932009/mod_resource/content/1/BERROCAL.pdf
[7] Punset, E.(2005). *¿Para qué sirven las emociones?* [Vídeo]. YouTube. Recuperado de https://youtu.be/CQ8WJK9qfGo

[8] Pérez Vallejo, M. (2010). El cine como recurso educativo. *Revista digital Innovación y Experiencias Educativas*, (30), 1-10. Plantilla para artículos en la Revista Digital (csif.es)

[9] Pulido Polo, M. (2016). El cine en el aula: una herramienta pedagógica eficaz. *Opción: Revista de Ciencias Humanas y Sociales*,*8*,519-538. OPCION-8-COMPLETO.vp:CorelVentura 7.0 (us.es)

→ Contexto del centro y las orugas

El proyecto diseñado se va a llevar a cabo en un centro educativo de Educación Infantil y Primaria.

En este centro las aulas son mixtas y se caracterizan por la heterogeneidad de las orugas tanto a nivel cultural como funcional dado que en una misma clase podemos encontrar orugas ordinarias, recién llegadas y con Necesidades Educativas Especiales.

A nivel de centro, se llevará a cabo un proyecto anual sobre las emociones para que todos puedan conocer el gran secreto de estas.

Dentro de dicho proyecto de centro, se realizan diferentes unidades didácticas para cada etapa educativa. A continuación, se expone la intervención planteada para las orugas del 2º nivel del segundo ciclo de Educación Infantil (4 años). Entre las orugas encontramos una oruga diagnosticada con Trastorno del Espectro Autista (TEA) de Grado 1. Existe una gran diversidad entre las orugas tanto a nivel cultural como funcional. De este modo, el proyecto se adaptará siempre a las características, necesidades e intereses de las orugas, así como a los diferentes ritmos de aprendizaje.

Referente a la oruga que presenta TEA, se trata de una oruga activa con conductas repetitivas y un gran interés por los personajes animados y los coches (Asociación Padres Autismo Comunidad Valenciana[10], s.f.). Además, presenta dificultades en mantener relaciones sociales con sus iguales, déficit en la reciprocidad socioemocional, déficit en la comunicación no verbal y patrones de comportamiento ritualistas, por ejemplo, necesita lavarse las manos al terminar cada actividad. Debido a estas dificultades, tiende a no mirar a los ojos cuando habla con un adulto o compañero y compañera y no muestra reciprocidad con ellos, así como no atrae la atención del otro o establece miradas de referencia conjunta. Se le debe anticipar la secuencia de actividades para no alterar su comportamiento y muestra una sordera aparentemente paradójica, escuchando aquello que le llama la atención y siendo esta selectiva para áreas de interés muy concretas.

→Introducción de la propuesta

Las emociones han basado sus juegos en el libro encantado: la *Ley Orgánica 3/2020, de 29 de diciembre, por la que se modifica la Ley Orgánica 2/2006, de 3 de mayo, de Educación*[11] (LOMLOE). A partir de ahí se va a desarrollar un proyecto neuroeducativo sobre las emociones.

Uno de los elementos clave en la elaboración de un proyecto es la elaboración de los objetivos, dado que estos determinan cuáles son las metas y retos que queremos alcanzar con él; respetando, en todo momento, el desarrollo evolutivo de cada oruga.

---

[10] Asociación Padres Autismo Comunidad Valenciana (s.f.). *¿Qué es el autismo?* Recuperado de https://apacv.org/que-es-el-autismo/
[11] Ley Orgánica 3/2020, de 29 de diciembre, por la que se modifica la Ley Orgánica 2/2006, de 3 de mayo, de Educación (LOMLOE)

A continuación se presentan en la Figura 1 los objetivos generales del proyecto:

Figura 1. Los objetivos del proyecto neuroeducativo presentado.

→ **Evaluación**

Los instrumentos que utilizaremos para la evaluación de la unidad didáctica serán la observación directa, observación indirecta (mediante fotos y videos de las sesiones), anotaciones en una hoja de registro, y el anecdotario. La evaluación empleada en las orugas se tomará como punto de partida para las siguientes situaciones de aprendizaje. A continuación, se muestra en la Figura 2 un ejemplo de la evaluación que utilizaremos.

Figura 2. Ejemplo de instrumento de evaluación.

→ Principios pedagógicos y propuestas metodológicas

Basándonos en la LOMLOE, los principios metodológicos que se llevarán a cabo son: la globalización, partir de los conocimientos previos de las orugas, la significatividad de los aprendizajes, motivación, el juego vivencial y lúdico, socialización, interacción con los demás, colaboración con las familias, individualidad, igualdad efectiva y el aprendizaje cooperativo.

Todas las actividades parten del juego ya que éste es un factor clave de la infancia. A través del juego las orugas aprenden y a su vez se originan una serie de beneficios, entre ellos, el desarrollo de la creatividad, las relaciones entre iguales, la cooperación, etc.

El proyecto se caracteriza por una metodología basada en el aprendizaje cooperativo dado que el trabajo en grupo permite que las orugas se relacionen entre ellas, compartan conocimientos y se enriquezcan entre ellas.

Abogamos por un aprendizaje basado en aprendizajes significativos, en contacto con la naturaleza y contando con el principio de globalización e inclusión. Es necesario resaltar que en todo momento se parten de los conocimientos previos de las orugas para posteriormente complementar estos con los adquiridos.

Otra característica de la metodología del proyecto es la manipulación y experimentación en talleres, rincones, etc. ya que es esencial en el proceso de aprendizaje de las orugas. Además, dicho proceso se basará en centros de interés que motivan a las orugas y se llevará a cabo por diferentes situaciones de aprendizaje.

Destacamos la importancia de crear espacios cálidos y de confianza, fomentando en todo momento el uso del aprendizaje dialógico, así como la utilización de diferentes lenguajes para expresarse.

En todas las propuestas el papel de las orugas es activo ya que consideramos que deben ser las protagonistas de su aprendizaje y por tanto, en cada momento, se respeta el ritmo de aprendizaje de cada ser.

→ Adaptaciones metodológicas basadas en los principios de neuroeducación

Francisco Mora Teruel define la neuroeducación como *un marco en el que se colocan los conocimientos sobre el cerebro y la manera como la persona interactúa con el medio que le rodea en su vertiente específica de la enseñanza y el aprendizaje* (Meneses Granados[12], 2019).

Para diseñar las situaciones de aprendizaje del proyecto neuroeducativo, se ha tenido en cuenta al gran genio, el cerebro, su funcionamiento y qué factores lo motivan y estimulan.

---

[12] Meneses Granados, N. (2019). Neuroeducación. Sólo se puede aprender aquello que se ama. *Perfiles Educativos*, 41(165), 210-216. https://www.scielo.org.mx/pdf/peredu/v41n165/0185-2698-peredu-41-165-210.pdf

Braidot[13] (2018) define el cerebro como el órgano encargado de recibir los estímulos que llegan tanto del exterior como del interior. Lucas Flores y Rodríguez Gámez[14] (2020) añaden que el cerebro está formado por millones de neuronas que se conectan entre sí con el fin de asegurar un buen funcionamiento del cuerpo y de la menta. Además, Braidot (2018) expone que en el cerebro de cada ser humano se encuentran los conocimientos aprendidos, la conciencia, nuestras habilidades y dificultades, etc. Aunque todos los cerebros desarrollan las mismas funciones, Braidot (2018) señala que cada cerebro es diferente porque está formado por distintas redes neuronales, que se van desarrollando a través de la neuroplasticidad.

Para conseguir el desarrollo de nuevas redes neuronales, así como la creación de nuevos conocimientos, hemos tenido en cuenta los siguientes ingredientes: la emoción, la curiosidad, la atención, la percepción, la conciencia, el aprendizaje y la memoria. Todo ello regado con grandes dosis de humor, magia y juego en un entorno natural.

Respecto a la metodología empleada, esta estará adaptada a todas las orugas del aula, promoviendo de este modo la globalización de los aprendizajes.

Partiremos del principio de significatividad ya que los nuevos aprendizajes que van a adquirir las orugas deben estar basados en sus intereses y necesidades. y deben complementar los conocimientos previos. Cabe señalar que siempre se utilizará el juego como herramienta para introducir dichos aprendizajes ya que consideramos que el juego es clave en la infancia. Además, a través del juego las orugas tienen la oportunidad de aprender de una forma lúdica.

Del mismo modo, tal y como explican Lucas Flores y Rodríguez Gámez (2020), trabajaremos mediante elementos que estimulan el cerebro como: sorpresas, humor, cuentos y canciones, contacto con la realidad más cercana a las orugas, etc.

Además, uno de los elementos clave de la neuroeducación son las emociones. De acuerdo con Punset (2005) y Rojas-Estapé[15] (2021), las emociones forman parte de nuestra vida e influyen en nuestras decisiones. Por esta razón, nuestras situaciones de aprendizaje se basan en el conocimiento y exposición de las diferentes emociones que tiene el ser humano, con el fin de que la oruga aprenda a identificar y gestionar sus emociones.

Mediante esta unidad didáctica, se pretende el fomento y trabajo de las diferentes funciones ejecutivas, ya que estas se consideran un elemento esencial para la creatividad, la imaginación y el juego simbólico, entre otros. De este modo, y estando estrechamente relacionado con el tema de las emociones, trabajaremos el autocontrol de las orugas de una manera flexible y adaptativa a cada una de ellas.

---

[13] Braidot, N. (2018). *Cómo funciona tu cerebro*. Dummies.
[14] Lucas Flores, Y. A. y Rodríguez Gámez, M. (2020). El cerebro como componente del aprendizaje. *Revista Atlante: Cuadernos de Educación y Desarrollo*. Recuperado de https://www.eumed.net/rev/atlante/2020/06/cerebro-componente-aprendizaje.html
[15] Rojas-Estapé, M. (2021). *La neurociencia de las emociones* [Vídeo]. YouTube. Recuperado de https://youtu.be/Tjqrualxgk

Teniendo en cuenta a la oruga diagnosticada con TEA, se llevarán a cabo las siguientes estrategias:

- En la comunicación verbal, debemos ponernos a la altura de sus ojos cuando se le hable.
- Legitimar sus emociones.
- Sintonizar con sus emociones.
- Tener en cuenta "su mundo emocional".
- Nombrar las emociones para poder conocerlas, dominarlas, y si es necesario, buscar soluciones.

→ **Situaciones de aprendizaje**

Con todos ustedes las emociones

Queridos lectores…

ha llegado el **GRAN MOMENTO**.

Las emociones se presentan en la gran pantalla, Figura 3, exponiendo las situaciones de aprendizaje planteadas para el proyecto neuroeducativo, con el fin de que todos ustedes se conviertan en mariposas.

Figura 3. Se presentan las emociones que se van a trabajar en el proyecto: alegría, tristeza, enfado, calma y miedo.

Como se ha comentado anteriormente, estos juegos van dirigidos a las orugas del segundo ciclo de Educación Infantil. Cabe resaltar que en todas las actividades se tendrán en cuenta las necesidades e intereses de las orugas, así como se respetarán los diferentes ritmos de aprendizaje.

Para iniciar todas las situaciones de aprendizaje, se realizará una asamblea para explicar a las orugas en qué consiste el juego. Para ello haremos uso de pictogramas con el fin de complementar la explicación de las emociones y así facilitar su comprensión.

Respecto al desarrollo de las situaciones de aprendizaje, todas implican movimiento dado que es un grupo activo.

Para finalizar las sesiones, realizaremos una actividad de relajación ya que la práctica diaria aporta muchos beneficios en el desarrollo de las orugas, entre ellos, disminuye el estrés, mejora la concentración, incrementa la capacidad de reflexión, desarrolla la sincronización de la mente y el cuerpo, mejora la autoestima, etc. Vargas[16] (2010) añade que es significativo para el desarrollo de la plasticidad neuronal de las orugas que tanto en el ámbito escolar como familiar se creen espacios seguros y enriquecedores dado que dependiendo de estas experiencias se modulan y se crean nuevos circuitos neuronales.

A continuación exponemos las situaciones de aprendizaje planteadas en el proyecto neuroeducativo.

---

[16] Vargas, M. (2010). La Meditación y la Relajación en la Educación. *Hipnológica, 3,* 22-23. https://www.hipnologica.org/wp-content/uploads/2019/11/La_meditacio

➢ **Sesión 1**

Se realiza una actividad para introducir el cine en el aula. Previamente propuesto en el horario de pictogramas tratado en la asamblea. Ese día la maestra llega a clase disfrazada del personaje de una película que les gusta a la clase, con ello conseguimos captar la atención de las orugas. La docente les presenta a las nuevas compañeras de clase, las emociones: alegría (amarillo), tristeza (azul), enfado (rojo), miedo (negro) y calma (verde). Cada emoción se presenta siguiendo un cuento, que narra la maestra. Este cuento se conoce como "El monstruo de los colores" cuya autora es Anna Llenas. Durante la narración la maestra realiza preguntas a las orugas para que estas interactúen. De esta forma, la maestra tiene la oportunidad de conocer los conocimientos previos de las orugas. Para finalizar, llevaremos a cabo una actividad de relajación. En el patio del colegio los niños se sentarán formando un círculo y la docente tendrá una serie de figuras de madera con formas de animales que al frotarlas producen sonidos de la naturaleza. Esta actividad es sensorial ya que podrán tocar las figuras, experimentar con diferentes texturas y escuchar los sonidos (Figura 4).

ACTIVIDAD 1 — VALIDAMOS NUESTRAS EMOCIONES

Recursos		
Espaciales	Didácticos	Humanos
El aula y patio del colegio.	Libro "El monstruo de los colores". Marionetas. Figuras de madera. Pictogramas.	El tutor o tutora del aula.

Objetivos de la actividad
Conocer y expresar las emociones.
Establecer relaciones sociales de afecto y confianza a través de trabajo en grupo.

Criterios de evaluación
Conocer y expresar las emociones.
Establecer relaciones sociales de afecto y confianza a través de trabajo en grupo.

Adaptaciones: Utilizaremos pictogramas para facilitar el cambio de actividades para el alumnado con TEA.

Figura 4. Recursos necesarios, objetivos y criterios de evaluación para la sesión 1.

➢ *Sesión 2*

A partir de los personajes y emociones trabajados en la sesión 1 con el cuento "El monstruo de colores" los niños y niñas representarán una emoción y el resto del alumnado deberán de adivinarlo (Figura 5).

El primer paso de dicha sesión, se basará en identificar los diferentes monstruos de colores y relacionarlo con una emoción. Seguidamente, en gran grupo, realizaremos el juego de las estatuas con las emociones. Para ello, el docente mostrará un peluche de uno de los monstruos y el alumnado deberá convertirse en una estatua representando la emoción.

El segundo paso de la sesión, será hacer dos grupos, en los cuales un grupo será el encargado de expresar la emoción mediante gestos, y el otro de adivinar la emoción que representan sus compañeros y compañeras. El docente mostrará a escondidas al grupo encargado de expresar la emoción el monstruo, para que el alumnado pueda representar una emoción en concreto. Una vez se realice la actuación, el alumnado que no ha representado tiene unos minutos para debatir de qué emoción se trata y finalmente, un representante lo comunica al resto de la clase. A continuación, los roles de los grupos se cambiarán, y se repetirá el mismo proceso.

ACTIVIDAD 2 — ¿CÓMO NOS SENTIMOS?

Recursos		
Espaciales	Didácticos	Humanos
El aula.	Muñecos o peluches de los personajes del cuento "El monstruo de colores". Imágenes reales de personas representando las diferentes emociones.	El tutor o tutora del aula.

Objetivos de la actividad

Conocer y expresar las emociones.
Establecer relaciones sociales de afecto y confianza a través del trabajo en grupo y a su vez, adquirir habilidades de trabajo cooperativa.
Estimular la expresión corporal.

Criterios de evaluación

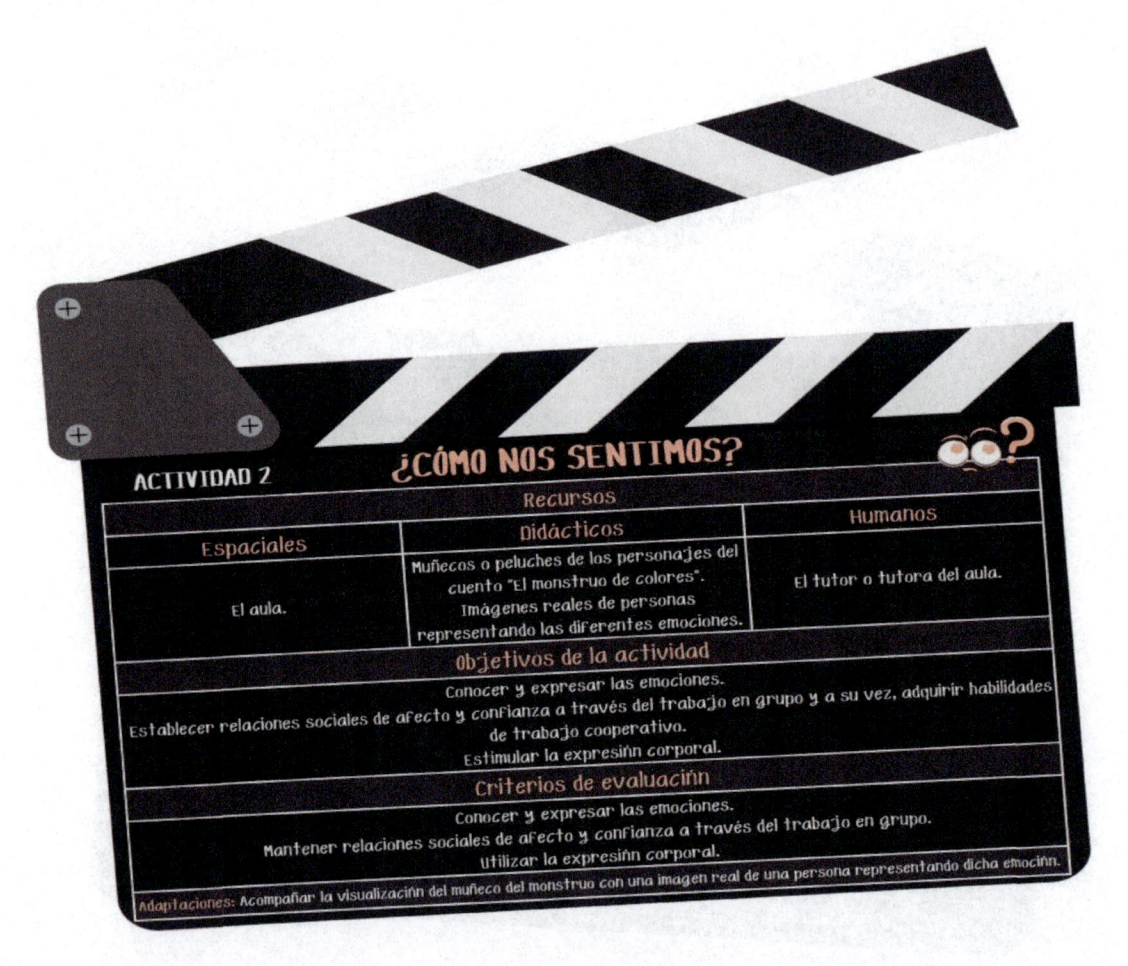

Conocer y expresar las emociones.
Mantener relaciones sociales de afecto y confianza a través del trabajo en grupo.
Utilizar la expresión corporal.

Adaptaciones: Acompañar la visualización del muñeco del monstruo con una imagen real de una persona representando dicha emoción.

Figura 5. Recursos, objetivos de la actividad y criterios de evaluación para la sesión 2.

➢ Sesión 3

Los primeros diez minutos de clase se les mostrará a los alumnos y alumnas una serie de personajes famosos de cine, motivándolos a elaborar su propio personaje. Seguidamente, se les dará una serie de materiales para que representen la idea de ellos mismos como si fueran un personaje sobre papel. Una vez que lo tengan dibujado deberán comunicarles al resto de compañeros y compañeras cómo es la personalidad de dicho personaje, con el requisito de que ese personaje tenga un superpoder relacionado con alguna de las emociones trabajadas, ya sea el poder de convertir el miedo en valentía. Tras tener en dos dimensiones a dicho personaje, se procederá a elaborarlo en tres dimensiones con ayuda de materiales como la plastilina. Se trata de que le den vida a su propio personaje de cine para que les acompañe durante toda esta experiencia y les sirva como ayuda para gestionar y regular sus emociones (Figura 6).

ACTIVIDAD 3 — SOY UNA ESTRELLA DE CINE

Recursos didácticos

Proyector, lápices de colores, folios y plastilina de colores

Objetivos de la actividad

- Utilizar diferentes técnicas artísticas para plasmar el tema.
- Mejorar la autoestima y la confianza de sí mismo a través de la realización y creación de obras plásticas, escenas, actividades orales y psicomotrices.

Criterios de evaluación

- Utilizar diferentes técnicas artísticas para plasmar el tema.
- Mejorar la autoestima y la confianza de sí mismo a través de la realización y creación de obras plásticas, escenas, actividades orales y psicomotrices.

Adaptaciones: Se les dejarán las imágenes de los personajes para que puedan observarlas.

Figura 6. Recursos, objetivos de la actividad y criterios de evaluación para la sesión 3.

> **Sesión 4**

Dicha sesión es la continuación de la sesión anterior. Debido a que es un trabajo laborioso, los primeros diez minutos irán destinados a culminar su personaje en tres dimensiones. Posteriormente, el escenario de aprendizaje cambiará, pues será necesario ir al aula digital para digitalizar el personaje que han creado. La aplicación (*Toontastic 3D*) que van a usar será primero explicada por la maestra, con varios ejemplos, para que sean luego ellos mismos quienes la puedan utilizar y recreen (lo más parecido posible) al personaje que habían diseñado en la sesión anterior. Durante el proceso, los discentes deberán compartir los ordenadores por parejas, de tal modo que se puedan ayudar en la realización de dicha actividad. Una vez que tengan realizado su personaje, se procederá a utilizarlo como su avatar, apareciendo el logo del mismo en su pupitre, aula virtual y en los distintos tableros que se utilizan en clase (Figura 7).

ACTIVIDAD 4: ME VEO EN TODOS LOS CARTELES

Recursos

Espaciales	Didácticos	Humanos
El aula y el aula digital.	Plastilina de colores; Ordenadores; Aplicación digital.	El tutor o tutora del aula.

Objetivos de la actividad

- Fomentar la escucha activa utilizando los cinco sentidos como medio de observación y atención del entorno.
- Mejorar la autoestima y la confianza de sí mismo a través de la realización y creación de obras plásticas, escenas, actividades orales y psicomotrices.
- Utilizar herramientas TIC.
- Colaborar en debates que surjan a raíz de la narración y visualización en el aula.

Criterios de evaluación

- Escuchar activamente utilizando los cinco sentidos como medio de observación y atención del entorno.
- Mejorar la autoestima y la confianza de sí mismo a través de la realización y creación de obras plásticas, escenas, actividades orales y psicomotrices.
- Utilizar herramientas TIC.
- Colaborar en debates que surjan a raíz de la narración y visualización en el aula.

Adaptaciones: Se les dejarán las imágenes de los personajes para que puedan observarlas.

Figura 7. Recursos, objetivos de la actividad y criterios de evaluación para la sesión 4.

➤ Sesión 5, actividad 5

En primer lugar, se visualizará varios cortometrajes educando en valores sobre diversidad, por ejemplo, se va a mostrar la diversidad funcional a través de la visualización del cortometraje "Cuerdas". Seguidamente, se creará de un circuito sensorio-motor que el alumnado realizará utilizando diferentes elementos : una silla de ruedas (representa la diversidad motora), una gafas con cristales tintados (representa la diversidad visual), un pañuelo en la boca (representa las personas con diversidad en el habla), unos tapones (representa la diversidad auditiva). De esta manera ayudamos a las niñas y niños a empatizar, a aproximarlos/as, de manera vivencial, a cómo pueden llegar a sentirse las personas que tienen alguna diversidad. Podrán realizar el circuito por parejas. Para finalizar la actividad realizaremos una asamblea para compartir experiencias de cómo se han sentido realizando el circuito, así como qué les ha parecido el corto (Figura 8).

ACTIVIDAD 5 CORTOMETRAJE EDUCANDO EN VALORES "CUERDAS"

Recursos

Espaciales	Didácticos	Humanos
El aula, ambientada como sala de cine.	La visualización del corto educativo en valores y circuito sensorio-motor con elementos diversos, reciclados/reutilizados de estimulación.	El tutor o tutora del aula.

Objetivos de la actividad

Estimular la atención y la coordinación neuromotriz; fomentar el aprendizaje colaborativo y dialógico; crear un clima de confianza y seguridad.; y fomentar la empatía entre el alumnado.

Criterios de evaluación

Mostrarse atento, confiado y seguro; realizar todo el circuito.; trabajar bien en pareja; y expresar sus emociones.

Adaptaciones: Uso del Método Teacch. Organización física; estructurar el aula en áreas de trabajo y colocar señales visuales que muestre al alumnado qué actividades tienen lugar en áreas específicas. Sentar lejos de la puerta o ventana al alumnado que lo necesite. Horario, en el cual se ve reflejado el conjunto de actividades que se van a realizar en la sesión (sirven para aportar orden y anticipación).Sistema de trabajo, mostrando con imágenes y de forma sencilla los pasos de la actividad. Informaciones visuales, para las diferentes informaciones nos apoyaremos en imágenes.Fomentando la enseñanza en parejas, basándonos en el aprendizaje cooperativo.

Figura 8. Recursos, objetivos de la actividad y criterios de evaluación para la sesión 5, actividad 5.

➤ Sesión 5, actividad 6

La sesión "¿Cómo es tu corazón?" finalizará con una actividad de relajación "El tren de masaje".

Los niños y niñas se colocarán uno detrás de otro, a modo de tren, realizando un masaje al compañero o compañera de delante. Con una pelota antiestrés reciclada (globos y alpiste) le irán haciendo pequeños y suaves círculos en la espalda. Girando posteriormente en sentido contrario cada uno/a. Mientras escuchan los temas musicales de los cortos recordando el corto al que pertenecía cada melodía. Finalmente, nos concentramos en sentir nuestra respiración, en la música, en cómo nos sentimos, agradeciendo el regalo que nos está haciendo la compañera o compañero con este fantástico masaje, en cómo es y está nuestro corazón después de estas actividades (en calma o tranquilo, triste, sorprendido, asustado, contento o alegre…) (Figura 9).

ACTIVIDAD 6 — EL TREN DEL MASAJE

Recursos

Espaciales: El aula, suavemente iluminada.

Didácticos: Reproductor de música; Suelo aislante; Pelotas antiestrés, confeccionadas con globos y alpiste, rescatadas de un taller anterior de reciclaje.

Objetivos de la actividad

Expresar sentimientos y emociones mediante la relajación.
Reconocer fragmentos musicales de los dos cortometrajes visionados en la sesión.
Mejorar la autoestima y la confianza de cada participante y la del grupo.

Criterios de evaluación

Expresar sus sentimientos y emociones.
Reconocer la música de los cortos.
Dejarse y dar masajes con la pelota al compañero o compañera.

Adaptaciones: Hacer uso de un lenguaje concreto, con instrucciones explícitas, claras y específicas, con apoyo visual. Utilizando una apertura y un cierre claros.

Figura 9. Recursos, objetivos de la actividad y criterios de evaluación para la sesión 5, actividad 6.

Sesión 5, actividad 7

Se trata de imaginar que se están duchando y que la intensidad del agua va variando según el docente va especificando, de manera que tienen que ir interpretando con voz y con gestos la situación. Ejemplo: Si el agua está muy fría pueden hacer que tiemblen y gritar. (Figura 10)

ACTIVIDAD 7 — LA DUCHA

Recursos		
Espaciales	Didácticos	Humanos
El aula	Nuestro propio cuerpo	El tutor o tutora del aula.

Objetivos de la actividad

Crear y favorecer espacios seguros, de respeto y confianza.

Fomentar la escucha activa utilizando los cinco sentidos como medio de observación y atención del entorno.

Criterios de evaluación

Participar activamente en el proceso.

Cambiar la interpretación según la intensidad del agua que especifica la docente.

Expresarse de manera verbal y no verbal.

Adaptaciones: Uso de pictogramas.

Figura 10. Recursos, objetivos de la actividad y criterios de evaluación para la sesión 5, actividad 7.

➤ **Sesión 5, actividad 8**

Se pondrán en grupos de 4 personas y una de ellas dirá una emoción, el resto tendrá que interpretarla a medida que el compañero o compañera pase la mano por encima de ellos. Habrán tres rondas, primero lo interpretarán con la cara, luego con el cuerpo y finalmente con sonidos. (Figura 11)

ACTIVIDAD 8 — LAS MÁSCARAS

Recursos		
Espaciales	Didácticos	Humanos
El aula	Nuestro propio cuerpo	El tutor o tutora del aula.

Objetivos de la actividad
- Conocer y expresar las emociones
- Mostrar confianza a la hora de expresarse artísticamente

Criterios de evaluación
- Reconocer de qué emoción se trata.
- Interpretar la emoción que le piden adecuadamente.
- Diferenciar las tres rondas a la hora de representar la emoción.

Adaptaciones: Uso de pictogramas para adelantar la situación y que el niño pueda reconocer mejor la emoción que tiene que representar.

Figura 11. Recursos, objetivos de la actividad y criterios de evaluación para la sesión 5, actividad 8.

➢ **Sesión 5, actividad 9**

Por parejas tendrán que representar una situación, siendo uno al que le afecta y el otro el que la provoca, de manera que tienen que meterse en el papel y hablar como se sienten tras lo que ha pasado. (Figura 12)

ACTIVIDAD 9 — GIMNASIA EMOCIONAL

Recursos

Espaciales	Didácticos	Humanos
El aula	Nuestro propio cuerpo	El tutor o tutora del aula.

Objetivos de la actividad

Comprender la importancia de la gestión y la comprensión de emociones.
Iniciarse en la resolución de conflictos.
Fomentar la empatía.

Criterios de evaluación

Resolver la situación planteada mediante la comunicación.
Mostrarse seguro.
Representar la situación.

Adaptaciones: Se le dará herramientas a través de pictogramas con situaciones para poder dar respuesta a la emoción que se plantea

Figura 12. Recursos, objetivos de la actividad y criterios de evaluación para la sesión 5, actividad.

➜ Conclusión

Las emociones han finalizado de presentar sus juegos. La función concluye recalcando la importancia de la educación ya que es el pilar fundamental de cualquier sociedad. Además, tal y como explica el Ministerio de Derechos Sociales y Agenda 2030, todos los seres humanos tienen derecho a recibir una educación de calidad (ODS 4), donde todos los individuos tengan las mismas oportunidades de adquirir conocimientos, competencias y valores que les permitan su desarrollo personal y contribuir a la sociedad.

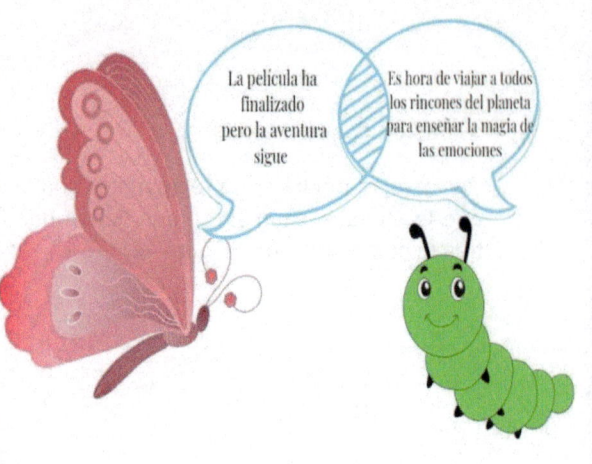

La película ha finalizado pero la aventura sigue

Es hora de viajar a todos los rincones del planeta para enseñar la magia de las emociones

También cualquier sociedad necesita una educación que responda a las necesidades sociales, al igual que asuma nuevos retos, entre ellos, el planteado en nuestro proyecto neuroeducativo: la educación emocional.

Las emociones son un elemento clave y esencial porque están presentes en cada ser humano y forman parte del desarrollo de éste. En otras palabras, de acuerdo con Punset (2005) y Rojas-Estapé (2021), los seres humanos somos seres emocionales porque sin las emociones no se puede vivir.

Cabe destacar que estas influyen en nuestro día a día, en nuestros proyectos, etc. Por eso, es relevante fomentar y trabajar el conocimiento y la gestión de dichas emociones con el fin de alcanzar el éxito, tanto en el desarrollo personal como profesional. Tras ser conscientes de la importancia de las emociones en nuestras vidas, también consideramos fundamental trabajar la educación emocional en el ámbito educativo con el fin de que aquel alumnado que no tenga la oportunidad de trabajarlas en el ámbito familiar, la escuela le ofrezca esa oportunidad. Del mismo modo, resulta significativo que los docentes nos formemos en educación emocional dado que para enseñar a identificar y gestionar las emociones, primero es importante que conozcamos las propias.

¿Y tú querido lector has descubierto el secreto de las emociones?

"SOLO CON EL CORAZÓN SE PUEDE VER BIEN; LO ESENCIAL ES INVISIBLE A LOS OJOS"

El Principito

➜ Referencias bibliográficas

- Ministerio de Derechos Sociales y Agenda 2030. *¿Qué es la Agenda 2030?* [Vídeo]. Recuperado de Ministerio de Derechos Sociales y Agenda 2030 - Agenda 2030 (mdsociales 2030.gob.es)

- Cerdán Molina, C. (2020). *Una sociedad que entiende que la educación es el pilar de una sociedad sostenible, es una sociedad imparable.* Recuperado de https://www.lawyerpress.com/2020/09/01/una-sociedad-que-entiende-que-la-educacion-es-elpilar-de-una-sociedad-sostenible-es-una-sociedad-imparable/

- Cabello González, R., Ruiz Aranda, D. y Fernández Berrocal, P. (2010). Docentes emocionalmente inteligentes. *Revista electrónica interuniversitaria de formación del profesorado, 13*(1), 41-49.

- Alonso Puig, M. (2011).*Enc. Internacional Educación Emocional y Social* [Vídeo].YouTube. Recuperado de https://www.youtube.com/watch?v=95oMNg8cZgY&t=201s

- Montes de Oca Aviña, J. (2020). *Coeficiente intelectual vs emocional.* Recuperado de https://grupoemprende.com/coeficiente-intelectual-vs-emocional-2/

- Fernando-Berrocal,P. y Extremera Pacheco,N. (s.f.). *La inteligencia emocional como una habilidad esencial en la escuela.* Recuperado de https://aulavirtual.uv.es/pluginfile.php/1932009/mod_resource/content/1/BERROCAL.pdf

- Punset, E.(2005). *¿Para qué sirven las emociones?* [Vídeo]. YouTube. Recuperado de https://youtu.be/CQ8WJK9qfGo

- Pérez Vallejo, M. (2010). El cine como recurso educativo. *Revista digital Innovación y Experiencias Educativas,* (30), 1-10. Plantilla para artículos en la Revista Digital (csif.es)

- Asociación Padres Autismo Comunidad Valenciana (s.f.). *¿Qué es el autismo?* Recuperado de https://apacv.org/que-es-el-autismo/

- Asociación Padres Autismo Comunidad Valenciana (s.f.). *¿Qué es el autismo?* Recuperado de https://apacv.org/que-es-el-autismo

- Ley Orgánica 3/2020, de 29 de diciembre, por la que se modifica la Ley Orgánica 2/2006, de 3 de mayo, de Educación (LOMLOE)

- Meneses Granados, N. (2019). Neuroeducación. Sólo se puede aprender aquello que se ama. *Perfiles Educativos, 41*(165), 210-216. https://www.scielo.org.mx/pdf/peredu/v41n165/0185-2698-peredu-41-165-210.pdf 13.

- Braidot, N. (2018). *Cómo funciona tu cerebro.* Dummies.

- Lucas Flores, Y. A. y Rodríguez Gámez, M. (2020). El cerebro como componente del aprendizaje. *Revista Atlante: Cuadernos de Educación y Desarrollo.* Recuperado de https://www.eumed.net/rev/atlante/2020/06/cerebro-componente-aprendizaje.html

- Rojas-Estapé, M. (2021). *La neurociencia de las emociones* [Vídeo]. YouTube. Recuperado de https://youtu.be/TjqrualxgkI

- Vargas, M. (2010). La Meditación y la Relajación en la Educación. *Hipnológica, 3,* 22-23. https://www.hipnologica.org/wp-content/uploads/2019/11/La_meditacion.pdf

Un día Noé a la selva fue
puso a los animales alrededor de él
el Señor está enfadado, el diluvio va a caer…

Mauro se coloca en medio del **aula de psicomotricidad**, todos empezamos a hacer el cocodrilo, luego el orangután, las **serpientes** y el águila real…

¡Es tan divertido!

- *Cuidado*, Mara, hay cocodrilos en el agua.
- ***Cruza el puente***, Yasmina.
- Mario *sube al barco*,

CORRE!!!

Los *lunes* son mi día favorito de la semana, **Mauro** nos recoge en el aula y bajamos al *gimnasio*, ponemos **colchonetas, túneles, escaleras y toboganes**. Estamos en la selva, hay que tener cuidado con los animales salvajes. La semana pasada, *Miguel Ángel* se cayó, *María Jesús* le curó con **agua y jabón**, es *muy buena* con todos nosotros, nos da **abrazos.** Yo, a veces, lloro, no quiero quedarme a **comedor**, pero me dice que pronto vendrá el yayo y se me pasa, me da un *beso de color de rosa*, de los que curan el alma y un **gran abrazo** de oso.

EMOCIÓN-ARTE

Sara Córdoba Aranda, Lucía Echarri Morejón

EmociónArte

EN EDUCACIÓN INFANTIL

"LA CURIOSIDAD ENCIENDE LAS EMOCIONES Y EL APRENDIZAJE"
F. MORA

AUTORAS: SARA CÓRDOBA ARANDA Y
LUCÍA ECHARRI MOREJÓN

Emocionarse es un arte que todos los niños y niñas tienen derecho a experimentar. Sentir que algo te toca sin manos y, además, te llega a lo más profundo de tu ser hace que, teniendo los pies en el suelo, podamos tener nuestro interior tocando las nubes. Creemos que es tan indispensable e importante que los niños y niñas se emocionen que hemos conducido la aventura del enseñar y del aprender, en la que se adentran diariamente, por los senderos de la emoción gracias a esta propuesta que se desarrolla a continuación.

Pero, ¿qué es la emoción? ¿Qué significa emocionarse? Es aquello que te mueve, te impulsa, es ese recuerdo que te viene unido al hacer o pensar algo, es esa sensación que te provoca, que te sugiere. Eran tiempos de antaño en los que decidimos ser maestras. Somos maestras, entre otras cosas, por las emociones que nos han trasladado nuestros maestros/as a lo largo de nuestra vida, los y las maestras que nos han marcado: Belinda, Amparo, etc. y un sinfín de nombres que se nos vienen a la cabeza cuando hablamos de emociones y de lo que significa emocionarse para nosotras. Por ello, consideramos que saber emocionarse es un regalo al alcance de todos, pero el saber conducir y canalizar esas emociones son senderos que hay que trazarlos desde la infancia.

Cuando los niños y niñas a edades tempranas, como en este caso los que tienen 5 años de edad y acuden a la escuela día tras día, dentro de las experiencias que buscan sin tener que verbalizar palabra alguna es aquella que les haga sentir esa maraña de sentimiento que puede que, sin saber diferenciar del todo cada uno de los hilos que componen esa madeja, saben que están ahí y que lo que sienten en cada momento les hace forjar el quiénes son y el cómo son. Es por ello que, un maestro o maestra que acompaña de la mano a los niños y niña que cada día visitan su aula, debe trabajar las emociones con ellos en todos sus aspectos que las recogen, como si de una fuente inagotable de inspiración y autoconocimiento se tratase, ya que las emociones pueden trasladarles a lugares que solo ellos conocen, y qué mejor forma de trabajar las emociones en Educación Infantil que a través del arte.

En palabras de Francisco Mora, "solo se puede aprender aquello que se ama" y en palabras nuestras "solo se puede ser maestra, amando todo lo que supone serlo", por lo que la neuroeducación puede brindarnos puertas donde antes solo había ventanas, puede darnos otras gafas para ver con más claridad a la educación, en definitiva, sólo desde el amor necesario hacia esta profesión podemos apreciar la riqueza que nos proporciona la neuroeducación como docentes y a los niños/as como nuestro futuro.

Este proyecto neuroeducativo se lleva a cabo en un aula cuyos protagonistas tienen, como se ha mencionado anteriormente, 5 años. En dicha clase nos encontramos con un niño el cual tiene una evaluación psicopedagógica y en la que se declara que tiene Trastorno del Espectro Autista de grado 1 con dificultad para establecer relaciones sociales, tanto con sus iguales como con personas adultas, y problemas en el lenguaje, visibles en las actividades cotidianas que realizamos en el aula y fuera de ella.

CONTEXTO DEL CENTRO, ESTRATEGIA CAME Y PERFIL DEL ALUMNADO

Este proyecto neuroeducativo está pensado para el 3er nivel del 2º ciclo de Educación Infantil. Siguiendo a la Ley troncal en Educación Infantil, LOMLOE, este servirá para proporcionar una formación integral en los niños y niñas, que se centre en el desarrollo de las competencias. Surge de la toma de conciencia de la importancia que tiene la educación y el papel del maestro/a para tomar decisiones, planificar y llevar a cabo proyectos de calidad en el aula debido a que los niños/as son lo que son por la capacidad plástica que tiene el cerebro de transformarse con los sentimientos, la emoción y las palabras (Mora, 2019), por lo que debemos tenerlo en cuenta.

Es por ello, que tendremos en cuenta diversos aspectos, según la matriz CAME:

- **Corregir:** debemos tener en cuenta que se plantean situaciones de aprendizaje sujetas a los destinatarios en continuo cambio y con necesidades e intereses diversos, como son los niños y niñas, por lo que en algún momento de ellas tendremos que introducir correcciones de tiempo, espacios, agrupamientos, materiales, el orden de actividades propuestas si fuese necesario, si vemos que una actividad de desarrollo se solapa con una actividad de síntesis, etc.
- **Afrontar:** el equilibrio que debemos trabajar entre los deseos de los niños y niñas característicos de esta edad y el deber que tenemos como docentes, las necesidades específicas que pueden acontecer en la heterogeneidad del aula y los programas de refuerzo que tengamos que llevar a cabo en colaboración con el equipo de orientación, etc.
- **Mantener:** la motivación intrínseca de los niños y niñas, promover el aprendizaje significativo, la participación, tanto por parte de los niños y niñas como por parte de las familias, los demás miembros de la comunidad educativa, expertos y expertas, etc.
- **Explotar:** los intereses de los niños y niñas, su curiosidad, necesidades, las experiencias que les podemos ofrecer, los recursos TIC, TAC, TEP, los recursos naturales de nuestro entorno, etc.

DIAGNÓSTICO DE NECESIDADES

El niño con TEA presenta una serie de síntomas los cuales son los siguientes:

- Tendencia a no mirar a los ojos.
- Se despista mucho en clase.
- Dificultad para iniciar interacciones sociales.
- Habla con tono y ritmo anormal.
- Presencia de alteraciones comportamentales ante situaciones nuevas que no hayan sido anticipadas

Partiendo de estos síntomas vemos necesario llevar a cabo una serie de estrategias organizativas:

- Se organizará la clase en pequeños grupos de 5 en el que el niño con TEA se localizará siempre en el mismo sitio, pudiéndose cambiar de sitio solo en el caso de previo diálogo con él y anticipación.
- La clase estará dividida en rincones bien delimitados y especificados el contenido de cada uno, así como la entrada y salida de este mediante tablas de control.
- Los materiales, tanto en el resto de la clase como en los rincones, estarán organizados en cajas y con una foto del contenido en su exterior.

- Las zonas también serán acotadas de forma visible.
- Las jornadas se organizarán de forma estable en cuanto a la secuenciación, pero flexible en la duración.
- El horario será rotulado en una zona visible a la altura de los niños/as e inamovible.
- Todas las actividades de la jornada irán acompañadas de un pictograma para anticipar y aclarar.
- En cuanto a las situaciones de aprendizaje, tendremos situaciones tipo de apertura y cierre para que sepa cuando se inicia y termina la actividad.

MEDIDAS DE ATENCIÓN A LA DIVERSIDAD

Atender a la diversidad es una forma de valorar la diferencia como fuente de riqueza y recurso para el aprendizaje, estableciendo los mecanismos para ofrecer a cada niño/a del aula la ayuda que necesita para desarrollarse y crecer. Además, es un aspecto clave para una Educación Infantil de calidad según Zabalza (1996).

Como docente debemos ofrecerles una serie de medidas generales de atención a la diversidad para que de este modo generen un sentimiento de pertenencia al grupo las cuales son:

- **Aprender con los demás:** consiste en tutorizar los aprendizajes puesto que el niño/a adquiere conocimiento en interacción social, es decir, en grupo se aprende más y mejor. (Vygotsky).
- **Ajustar mi ayuda pedagógica:** mediante esta técnica ofreceremos la ayuda pedagógica necesaria en cada momento, andamiando el proceso de aprendizaje, e iremos retirándola progresivamente a medida que el niño/a sea capaz de hacerlo por sí mismo.
- **Aumentar o disminuir la complejidad de las actividades:** todas las actividades que proponemos sirven de ampliación y de refuerzo, ya que una misma actividad podremos aumentar la dificultad o reducirla dependiendo de lo que el alumno/a necesite en cada momento.

Tras la especificación de las medidas generales mencionadas anteriormente, nos gustaría destacar que las medidas específicas para el niño con TEA se desarrollarán más concretamente en el punto 11 "Adaptaciones metodológicas basadas en los principios de la neuroeducación".

OBJETIVOS GENERALES DEL PROYECTO

De todos los objetivos generales que se mencionan en el Real Decreto 95/2022, de 1 de febrero, por el que se establece la ordenación y las enseñanzas mínimas de la Educación Infantil, para esta propuesta pedagógica neuroeducativa nos gustaría resaltar algunos más estrechamente relacionados, como son:

b) Observar y explorar su entorno familiar, natural y social.

f) Desarrollar habilidades comunicativas en diferentes lenguajes y formas de expresión.

h) Promover, aplicar y desarrollar las normas sociales que fomenten la igualdad entre hombres y mujeres.

A pesar de destacar tres objetivos generales de la etapa, de manera general se trabajarán todas las capacidades plasmadas en el Real Decreto anteriormente mencionado basándonos en el principio de globalización.

Del mismo modo, este proyecto ayudará a desarrollar una serie de habilidades o destrezas específicas que se formulan bajo el nombre de objetivos específicos que recogerán tanto:

OBJETIVOS DE ENSEÑANZA

- Crear un clima cálido y cercano en el que el niño/a pueda desenvolverse y desarrollar lo máximo posible cada una de sus capacidades.
- Favorecer la participación y el trabajo cooperativo de todos los niños/as.
- Acercar a los niños y niñas a las TIC.

OBJETIVOS DE APRENDIZAJE

- Conocer diferentes facetas del autor protagonista, como es Vicent Van Gogh.
- Desarrollar la sensibilidad artística y creativa.
- Asociar diferentes formas de plasmar el arte según diversos pintores y pintoras.

Todos estos objetivos ayudarán a desarrollar los objetos de conocimientos que llevan de forma intrínseca las situaciones de aprendizaje que se desarrollarán a continuación desde una perspectiva neuroeducativa, es decir, para desarrollar aprendizajes desde, en y para la vida (Guillén, 2018).

OBJETIVOS GENERALES DE ATENCIÓN A LA DIVERSIDAD

Los objetivos que pretendemos conseguir a la hora de atender a la diversidad con la que nos encontramos en nuestra aula de infantil serán:

- Desarrollar medidas generales de atención a la diversidad para atender el Trastorno del Espectro Autista grado 1.
- Establecer estrategias metodológicas con el fin de que se lleven a cabo de manera efectiva las medidas de atención a la diversidad propuestas.
- Llevar a cabo actividades abiertas y flexibles para acoger la heterogeneidad del alumnado presente en el aula.
- Ofrecer recursos materiales variados y polivalentes con el fin de que se adapten y cubran las necesidades que acontecen.
- Establecer canales fluidos de comunicación con los demás profesionales de la educación (equipo educativo, PT y AL).
- Garantizar el óptimo rendimiento, aprendizaje y desarrollo del niño con TEA grado 1 presente en el aula.

COMPETENCIAS CLAVES

Entre todas las competencias mencionadas en la Ley Orgánica 2/2006, estrechamente relacionada a la Educación Infantil, nos gustaría resaltar para este proyecto:

- **Competencia en comunicación lingüística:** ya que en dicha etapa se potencian intercambios comunicativos tanto con sus iguales como con los adultos, todos ellos dotados de intencionalidad. Además, la oralidad tiene un papel destacado ya que es el vehículo principal que permite a niños y niñas disfrutar de un primer acercamiento a la cultura literaria.
- **Competencia matemática y competencia en ciencia, tecnología e ingeniería:** dado que los niños y las niñas se inician en las destrezas lógico-matemáticas y dan los primeros pasos hacia el pensamiento científico a través del juego y la manipulación.
- **Competencia digital:** se inicia, en esta etapa, el acceso a la información, la comunicación y la creación de contenidos a través de medios digitales, así como el uso saludable y responsable de las herramientas digitales.
- **Competencia emprendedora:** puesto que nos encontramos en una etapa en la que se estimulan la curiosidad, la iniciativa y la imaginación, por lo que esto supone una oportunidad para potenciar la autonomía y materializar las ideas personales o colectivas.
- **Competencia en conciencia y expresión culturales:** fomentando en esta etapa la expresión creativa de ideas, sentimientos y emociones a través de diversos lenguajes y distintas formas artísticas. Asimismo, se ayuda al desarrollo de la conciencia cultural y del sentido de pertenencia a la sociedad a través de un primer acercamiento a las manifestaciones culturales y artísticas.

COMPETENCIAS ESPECÍFICAS, SABERES BÁSICOS Y CRITERIOS DE EVALUACIÓN

La evaluación se perfila como una herramienta clave para una educación de calidad, como afirmaba Zabalza (1996). Con la evaluación se pretende realizar mejoras tanto en el proceso de enseñanza como en el de aprendizaje, ya que ambos procesos están en continua interacción y se desarrollan de forma simultánea.

Competencias específicas	1	2	3	4
Criterios de evaluación	1.1/ 1.2/ 1.4	2.2	3.1/ 3.2/ 3.4/ 3.7	4.1/ 4.2
Saberes básicos	A.03/ C.01/ E.02/ D.02/ D.06/ D.07/ I.02	G.01/ G.02/ G.03/ I.03	A.02/ C.01/ A.03/ C.05/ G.01/ G.02	D.02/ D.05/ D.07/ E.03/ D.04/ D.03

EN CONCRETO PARA EL NIVEL DE 5 AÑOS:

	1	2	3
Profesión de Van Gogh	Le cuesta identificar en qué profesión se encuadra el artista	Tiene algunas ideas sobre la actividad de Van Gogh, pero le cuesta expresarlas con claridad	Sabe que Van Gogh era un artista y pintor
Otros aspectos de la vida del autor	Solo conoce algunas pinceladas sobre la vida de Van Gogh	Puede destacar algunos momentos importantes de su vida	Es capaz de contar con cierta precisión algunos momentos importantes de la vida de Van Gogh

De forma complementaria, también podremos recabar información gracias a diarios de clase, listas de control y anecdotarios.

PRINCIPIOS PEDAGÓGICOS Y PROPUESTA METODOLÓGICA

Todo proyecto tiene unos principios pedagógicos que los rigen. En este caso nos gustaría resaltar algunos de ellos, como son:

- **El enfoque globalizador:** El enfoque globalizador es entendido como una perspectiva que orienta, impregna y condiciona el trabajo en la escuela infantil tanto en lo que concierne a la planificación de la intervención educativa como al modo en que los niños y niñas deben acercarse a los conocimientos para aprenderlos.
- **Aprendizaje significativo:** Aprender de forma significativa requiere establecer numerosas relaciones entre lo que ya se conoce y lo que se ha de aprender donde los niños/as aprenderán en función de lo que les interese dotándolos de herramientas necesarias para que puedan aplicarlo a su entorno más inmediato.
- **El juego, instrumento privilegiado de intervención educativa:** Como bien dice su nombre es un instrumento privilegiado de intervención educativa que los niños/as utilizan como cauce de relación con el entorno, para conocer y aprehender de la realidad. El juego es algo innato en los niños/as. Es una actividad natural a estas edades, constituyendo un importante motor del desarrollo, tanto en los aspectos emocionales, como intelectuales y sociales. Como dice Tonucci "todos los aprendizajes de la vida se hacen jugando".
- **La actividad infantil, la observación y la experimentación:** La actividad infantil es un requisito indispensable para el desarrollo y el aprendizaje. En esta etapa se entiende como actividad cualquier tipo de propuesta o situación que invite a niños/as a elaborar una representación de lo que pretende hacer, de lo que se podría hacer o de lo que se ha hecho, para ayudarle a ser capaz de obtener información, imitar, representar, comunicar y reflexionar sobre su propia actividad, recordar experiencias o predecir consecuencias.

- **La educación infantil, una tarea compartida:** Para ello es necesario promover la participación y la relación entre la familia y la escuela, previendo tiempos en los que compartir dudas, opiniones, intereses y preocupaciones con otras familias y profesionales de la educación, así como ayudando a las familias a conocer los procesos de crecimiento y aprendizaje de sus hijos/as.

ADAPTACIONES METODOLÓGICAS BASADAS EN LOS PRINCIPIOS DE LA NEUROEDUCACIÓN

En función de la sintomatología presente en el punto 6 de dicho proyecto, vamos a llevar a cabo las siguientes adaptaciones metodológicas:

- Hacer sonidos específicos o jugar con el tono de la voz para llamar su atención.
- Proporcionar actividades más motivadoras, dentro de sus intereses, para mantener de mejor manera su curva atencional.
- Fomentar la instrucción en grupos pequeños o bien la enseñanza en parejas, basándose en el aprendizaje cooperativo, para que se sienta incluido.
- Anticipar las situaciones mediante el uso de historias sociales, para la planificación de la jornada, y pictogramas, por ejemplo, para actividades o situaciones imprevistas.
- Utilizar un lenguaje concreto y específico con instrucciones explícitas, claras y específicas.
- Proporcionar más tiempos en las actividades para respetar sus ritmos.
- Localizar al niño con TEA en el grupo de mesa cercano a la maestra y lejano a puertas y ventanas para evitar distracciones.
- Crear un clima cálido y confortable, para que sienta cercano al aula, los compañeros y compañeras, así como a la docente.

SITUACIONES DE APRENDIZAJE

Para proponer las situaciones de aprendizaje que se presentan a continuación se ha tenido en cuenta que todas estas se sitúen en la zona de desarrollo próximo de los niños y niñas, con una edad comprendida de forma normativa y mayoritaria en torno a los 5 años de edad.

Estas situaciones de aprendizaje surgen gracias al interés que los niños y niñas muestran por obras pictóricas que vemos en nuestro alrededor y están destinadas a llevarla a cabo en el segundo trimestre debido a la coincidencia en la temporalización con el aniversario del nacimiento del artista principal, como así se hace ver en la situación de aprendizaje 1. Pretendemos que, gracias a esta consecución, se acerquen al gran mundo creativo y divergente que puede existir en el mundo del arte, así como desarrollen la apreciación de sus emociones a través del arte, de ahí el nombre del proyecto "EmocionARTE".

Distinguiremos, a continuación, las diferentes situaciones de aprendizaje que se proponen:

SITUACIÓN DE APRENDIZAJE 1

ACTIVIDADES (TIPOS)	EJERCICIOS (PROCESOS)
ACTIVIDADES DE INICIO	
-Lectura dialogada: Realizamos una lectura en la asamblea de un texto informativo, el periódico del día, donde nos informa acerca del aniversario del nacimiento de un artista como es Vicent Van Gogh. En esta noticia nos muestra una de sus obras más significativas, "La noche estrellada".	Los niños y niñas observarán la obra de "La noche estrellada" de Van Gogh en el periódico. Esta noticia y esta obra, como labor docente, ha sido seleccionada previamente debido a que es una de las obras que más despierta el interés y la curiosidad en los niños y niñas a esta edad. Hablamos acerca de las sensaciones y emociones que nos traslada la obra.
- Cuadro de registro: Se lleva a cabo un cuadro de registro gracias a todos/as, utilizando papel continuo y a la altura de los niños y niñas en la zona de la asamblea.	Realizamos el cuadro de registro, que será una tabla con 3 columnas tituladas, de izquierda a derecha: ¿Qué sabemos? ¿Qué queremos saber? y ¿Qué hemos aprendido? En la primera columna anotaré las ideas previas de cada niño/a junto con el nombre de cada uno en mayúsculas y entre paréntesis ya que, aunque no sean lectores convencionales, sí suelen reconocer su nombre y el de sus compañeros/as; en la segunda columna haremos lo mismo con las inquietudes que surjan y, en la tercera, la iremos desarrollando a lo largo del proyecto.
- Otras aportaciones: Se anotarán, al lado del cuadro de registro pero en un recuadro bien diferenciado debajo, las aportaciones que hagan los niños/as no estrechamente relacionadas con este tema a tratar.	Estas anotaciones las llevaré a cabo yo, pero todos y todas realizamos la estrategia de argumentación, diciéndole al compañero o compañera por qué no está en este caso relacionada con el tema, pero la anotamos de igual modo por si en proyectos posteriores nos pueden servir, validando así todas las aportaciones. Tras la anotación, todos y todas invitaremos a que vuelva a hacer otra aportación, esta vez relacionada con el tema que estamos viendo.

SITUACIÓN DE APRENDIZAJE 2

ACTIVIDADES (TIPOS)	EJERCICIOS (PROCESOS)
ACTIVIDADES DE DESARROLLO	
- Búsqueda de información en el ordenador: En pequeños grupos seleccionaremos las palabras claves de algunas ideas anotadas en la columna del: ¿Qué queremos saber?	Buscaremos el nombre de la obra que aparece en la noticia que hemos leído, dónde vivió, si tenía otras profesiones, etc.
- Análisis cualitativo del nombre: De manera individual, analizamos qué letras componen el nombre de VINCENT VAN GOGH.	Mediante la correspondencia de código de colores escriben las letras que conforman el nombre de Van Gogh.

SITUACIÓN DE APRENDIZAJE 3

ACTIVIDADES (TIPOS)	EJERCICIOS (PROCESOS)
ACTIVIDADES DE DESARROLLO	
- Carta a las familias: Informaremos a las familias del proyecto en el que nos hemos embarcado a través de la realización de una carta para que nos traigan información, materiales, vengan a contarnos cosas, etc. Tendrán que titularla con el nombre del autor y fecharla para que la información llegue a tiempo.	Realizaremos la carta a modo de borrador o pretexto en la pizarra, añadiendo o quitando información gracias a acuerdos entre todos y todas de lo que queremos que la carta incluya. Imprimiré la carta y deberán titularla con el nombre del proyecto, en este caso hemos elegido, "EmocionARTE", gracias a escritura productiva, aquella que mueve los esquemas de conocimiento.
- Exposición y debate: acerca del oficio de pintor.	A través del gran grupo, elaboramos un debate donde todas y todos participemos y expongamos nuestras ideas argumentadas sobre las diferencias y similitudes entre los diferentes tipos de pintores y pintoras que existen.

- ¿Dónde nació?: Veremos los distintos países, donde estamos nosotros/as y donde nació él, las distancias, los modos de transporte para las distancias que vamos señalando, etc.

1. Con ayuda de la herramienta digital Google Maps nos ubicaremos nosotros y nosotras, en Sevilla, y la ciudad donde nació Van Gogh, Zundert. De esta manera observaremos la distancia que hay entre las dos localizaciones, compararemos el tiempo que se tarda en llegar en diferentes medios (andando/ coche/ tren/ avión) y clasificaremos según el tiempo.

2. De igual modo, lo localizaremos en el globo terráqueo de clase gracias a dos chinchetas de colores, mediremos y realizaremos la escala.

SITUACIÓN DE APRENDIZAJE 4

ACTIVIDADES (TIPOS)	EJERCICIOS (PROCESOS)

ACTIVIDADES DE DESARROLLO

- ¿Cómo pintaba Van Gogh?: Donde veremos los espacios donde le gustaba pintar, los momentos del día en el que lo hacía y los utensilios que utilizaba.

1. A través de la discriminación visual de diferentes cuadros del autor, observaremos entre todos y todas en qué espacios le gustaba pintar, colocaremos el cuadro correspondiente (obra "Trigal con cuervos" al aire libre y obra "El dormitorio en Arlés" en interior) y fomentaremos la atención encontrando en los cuadros mencionados diferentes elementos.

2. Vemos más cuadros, tanto interiores como exteriores, donde, según las diferentes luces, vemos en qué momento del día pintaba o le gustaba reflejar en sus obras.

3. Identificaremos los diferentes utensilios que usaba Van Gogh (lienzo, caballete, pincel, espátula, paleta y pintura).

- ¿Qué pintaba Van Gogh?: Veremos autorretratos, paisajes, flores y la habitación. De igual modo, crearemos y recrearemos obras siguiendo estas pautas del autor.

1. Delante de un espejo realizaremos nuestro autorretrato de forma individual en nuestro equipo de trabajo.

2. Observaremos diferentes obras del autor y realizaremos una reproducción de su obra "La noche estrellada" a través de la técnica del puntillismo y gracias a una plantilla con las formas que se reflejan a la obra, si fuese necesario.

3. Llevaremos a cabo un conteo aproximado de las flores que aparecen en cada cuadro de flores que hallamos en la información que nos llega de las familias, donde vemos que nunca pueden llegar a contarse bien el número de flores. Realizaremos una creación de un bodegón de flores gracias a la técnica de la estampación.

4. Veremos la obra de "El dormitorio en Arlés" y la compararemos con las fotos de las habitaciones que nos traen los niños y las niñas. Estableceremos similitudes y diferencias.

SITUACIÓN DE APRENDIZAJE 5

ACTIVIDADES (TIPOS)	EJERCICIOS (PROCESOS)
ACTIVIDADES DE DESARROLLO	
- Técnicas de pintura: A través de la observación y la experimentación, utilizaremos distintos materiales y técnicas plásticas.	1. Identificaremos los colores primarios, el color favorito de Van Gogh a través del visionado de las obras que hemos ido viendo y realizaremos mezclas de colores que dan como resultado los colores secundarios. 2. Llevaremos a cabo un taller simultáneo y rotativo con diferentes técnicas plásticas (acuarela, oleo, aerógrafo y tizas).
- Otros pintores y pintoras famosos: A través de actividades en gran grupo, pequeño grupo e individual recorreremos un sendero hacia el conocimiento de otros autores y autoras importantes y sus principales obras.	1. Velázquez: Observaremos el cuadro de "Las meninas" y describimos los personajes. Distinguiremos los personajes que aparecen en la obra. 2. Miró: Compararemos sus obras más famosas observando el uso de colores primarios. A través de una de sus obras, identificaremos las diferentes formas. 3. Yayoi Kusama: Analizaremos quién es la artista, lo característico de sus obras, dónde vive en comparación con nosotros, como lo hicimos en la actividad anterior con Van Gogh, pero esta vez con la tablet y el Google Earth. 4. Picasso: Observaremos las obras más famosas del artista y fomentaremos la creatividad a través de un dibujo abstracto, en el que a partir de un círculo central los niños y niñas tendrán que completarlo.

SITUACIÓN DE APRENDIZAJE 6

ACTIVIDADES (TIPOS)	EJERCICIOS (PROCESOS)
ACTIVIDADES DE SÍNTESIS	
- Curiosidades: Gracias al trabajo individual, investigaremos cada uno acerca de una curiosidad que nos quede de Van Gogh y, en gran grupo, haremos una exposición de manera individual de lo investigado. - Visita virtual al museo de Van Gogh en Ámsterdam.	Hay algunas curiosidades que pueden coincidir así que, en ese caso, los compañeros o compañeras saldrán juntos y se complementarán en sus exposiciones: Podremos conocer así que tenía un hermano llamado Theo. Observamos la obra "Autorretrato con la oreja vendada" y debatimos sobre qué pudo ocurrirle al autor. Hablaremos antes acerca de cómo se imaginan el museo, sus partes, si las obras las habrán dividido siguiendo clasificaciones como las que hemos visto anteriormente, etc. Gracias a las gafas de realidad virtual con las que contamos, iremos pasando por la experiencia de la visita virtual y después, en gran grupo, compartiremos cómo nos hemos sentido.

- Nuestro propio museo: lo realizaremos en gran grupo en el pasillo de Educación infantil y se formará gracias a las obras que hemos ido realizando a lo largo de todo el proyecto y las obras del autor al lado de las nuestras. Dejaremos también una sección para las obras descubiertas de otros autores y autoras.

Realizaremos por equipos las entradas de nuestro museo siguiendo nuestro libro de instrucciones acerca de qué partes debe contener una entrada: título del museo, fecha, hora, etc.

Colocaremos las obras del autor, las nuestras y la de los distintos autores a lo largo del pasillo entre todos y todas, clasificando según carteles donde nos muestren en qué sección estamos: paisajes, interiores, otros autores significativos, etc.

Realizaremos, por pequeños grupos distribuidos por sección y con mi ayuda, códigos QR gracias a una aplicación para cada uno de los cuadros. Cuando escaneen los visitantes estos códigos, podrán obtener: información del cuadro, del autor, fotos del proceso de la elaboración del cuadro, de las exposiciones, de las búsquedas de información, etc.

Llevaremos a cabo un reparto de los papeles dentro del museo: las personas que reciben a los invitados, los que recogen las entradas, los que explican cómo escanear los códigos, etc.

PROPUESTA DE ACTIVIDADES DUA Y EVALUACIÓN

A continuación, se presentarán unos cuadros resúmenes en donde podréis ver la actividad base, la actividad modificada para nuestro alumno con TEA y los criterios de evaluación de cada una de las actividades. Para la realización de las modificaciones nos hemos basado en los Principios DUA, que como todos sabemos, son los siguientes:

- Proporcionar múltiples formas de representación.
- Proporcionar múltiples formas de acción y expresión.
- Proporcionar múltiples formas de implicación

PROPORCIONAR MÚLTIPLES FORMAS DE REPRESENTACIÓN		
ACTIVIDAD	ACTIVIDAD MODIFICADA	CRITERIOS DE EVALUACIÓN
¿Qué pintaba Van Gogh? Delante de un espejo realizaremos nuestro autorretrato de forma individual en nuestro equipo de trabajo.	Para la realización de esta actividad, cambiaremos el recurso dándole alternativas manipulativas. Para ello, le ofreceremos una imagen de su cara y tarjetas con velcro en las que aparecerán dichas partes de la cara con el fin de que asocie la tarjeta con la parte de la cara correspondiente.	-Reconoce las partes de la cara. -Relaciona la tarjeta con la imagen.

PROPORCIONAR MÚLTIPLES FORMAS DE ACCIÓN Y EXPRESIÓN

ACTIVIDAD	ACTIVIDAD MODIFICADA	CRITERIOS DE EVALUACIÓN
Técnicas de pintura: Llevaremos a cabo un taller simultáneo y rotativo con diferentes técnicas plásticas (acuarela, óleo, aerógrafo y tizas).	Realizaremos una agenda de actividades en la cual aparecerán imágenes de los 4 talleres que llevaremos a cabo según las diferentes técnicas vistas (respectivamente). Se empezará la realización de los talleres en el orden en el que aparecen en las imágenes con el fin de anticipar al niño lo que realizará en aquella actividad. Una vez que haya realizado el primer taller, le daremos la vuelta a la tarjeta para que el niño asocie que ese ya se ha pasado. Mientras, el resto de los talleres se encontrarán tapados con papel acetato de color, de modo que el niño atribuirá el significado de futuro. Dichas tarjetas se irán destapando sucesivamente, es decir, tras la realización de cada taller se irán quitando los papeles de acetato y se le dará la vuelta a las imágenes hasta que todas estén del revés y eso querrá decir que ya ha realizado los 4 talleres.	-Identifica la imagen con el taller a realizar. -Participa activamente en la consecución de los talleres. -Distingue las diferentes técnicas de pintura. -Disfruta en los diferentes talleres.

PROPORCIONAR MÚLTIPLES FORMAS DE IMPLICACIÓN

ACTIVIDAD	ACTIVIDAD MODIFICADA	CRITERIOS DE EVALUACIÓN
Curiosidades: Gracias al trabajo individual investigaremos cada uno acerca de una curiosidad que nos quede de Van Gogh y, en gran grupo, haremos una exposición de manera individual de lo investigado.	En este caso la actividad se realizará en parejas, basándose en el aprendizaje cooperativo. Tras la búsqueda con el compañero o compañera, este o esta expondrán al resto de sus compañeros/as la curiosidad que más le haya llamado la atención.	-Uso y disfrute de las TIC. -Respeta a su compañero o compañera. -Se involucra en la búsqueda de información.

LIMITACIONES DE LA PROPUESTA

Tras la realización de nuestro proyecto neuroeducativo nos gustaría mencionar algunas limitaciones que hemos tenido en dicha realización, las cuales son:

- El tiempo disponible para llevarlo a cabo.
- Los recursos que se pueden asignar.
- Los límites tecnológicos.

VALORACIÓN FINAL DEL PROYECTO

Para hacer a modo de síntesis una valoración final, puede afirmarse que los fines de este proyecto, desde el primero hasta el último, es el de contribuir al desarrollo integral del niño/a a través de la neuroeducación. Se puede decir que es escogida la neuroeducación como fragancia que impregna todos los apartados en los que hemos ido caminando anteriormente, ya que consideramos a esta como un modo de entender cómo los niños/as aprenden, cómo los mecanismos de su mente se encienden y conexionan, cómo entienden la realidad que les rodea, etc. y que, gracias a esta, también se puede transformar nuestra visión como docentes para mejorar los métodos de enseñanzas y, por consiguiente, que mejoren los métodos de aprendizaje.

En este proyecto hemos partido de la base de que "solo se aprende si hay emoción" (Mora, 2015), por lo que hemos elegido un autor principal (Vicent Van Gogh) y varios/as secundarios que nos emocionan a nosotras como docentes primero, para hacer emocionar así a los niños/as a través del arte que se plasma en sus obras, porque creemos que solo se puede enseñar aquello que se ama, ya que los niños/as no aprenden lo que sabes, aprenden lo que eres.

De igual modo, creemos que "enseñar no es transferir conocimientos, sino crear las posibilidades para su propia producción o construcción" (Freire, 2017), por lo que el andamiaje ha sido la herramienta más predominante en todo el proyecto y, de forma más notable, durante todas las situaciones de aprendizaje.

REFERENCIAS BIBLIOGRÁFICAS

Referencias legislativas:

1. Real Decreto 95/2022, de 1 de febrero, por el que se establece la ordenación y las enseñanzas mínimas de la Educación Infantil.
2. Ley Orgánica 3/2022, de 29 de diciembre, por la que se modifica la Ley Orgánica 2/2006, de 3 de mayo, de Educación.
3. Instrucción 11/2022, de 23 de junio, de la dirección general de la ordenación y evaluación educativa, por la que se establecen aspectos de organización y funcionamiento para los centros que impartan Educación Infantil para el curso 2022/2023.

Referencias bibliográficas:

4. Freire, P. (2017). Pedagogía de la autonomía. Recuperado de https://educacionparalasolidaridad.com/2017/05/10/pedagogia-de-la-autonomia-ensenar-no-es-transferir-conocimiento/.

5. Guillen, J. C. (2017). Neuroeducación en el aula. Recuperado de https://ined21.com/neuroeducacion-en-el-aula/.

6. Luque Alcívar, K. E., Lucas Zambrano, M. A. (2020). La Neuroeducación en el proceso de enseñanza aprendizaje", Revista Atlante: Cuadernos de Educación y Desarrollo. Recuperado de https://www.eumed.net/rev/atlante/2020/06/neuroeducacion.html

7. Mora, F. (2015). El cerebro solo aprende si hay emoción. Recuperado de https://www.educaciontrespuntocero.com/entrevistas/francisco-mora-el-cerebro-solo-aprende-si-hay-emocion/.

8. Mora, F. (2022). *Neuroeducador. Una nueva profesión*. Madrid: Alianza.

Otros referentes, justificados:

Artículos:

9. Ausubel, D. (2002). Adquisición y retención del conocimiento. Una perspectiva cognitiva. Recuperado de https://es.scribd.com/document/406280078/Ausubel-adquisicion-y-retencion-del-conocimiento-pdf-pdf, para desarrollar la definición del aprendizaje significativo.

10. Fernández, J. A. (2019). Enseñar desde el cerebro del que aprende. Recuperado de https://dialnet.unirioja.es/servlet/articulo?codigo=6939760, para justificar la importancia de la metodología en Educación Infantil y la metodología inherente que posee el niño/a.

11. Tonucci, F. (2019). La emoción de la autonomía, la emoción del juego. Recuperado de https://dialnet.unirioja.es/servlet/articulo?codigo=7032095, para justificar la importancia del juego en los niños/as y todo lo que este les proporciona que, entre otras cosas, es autonomía.

12. Zabala, A. (1987). El enfoque globalizador. Recuperado de https://www.oposinet.com/wp-content/uploads/2017/10/El-enfoque-globalizador-Zabala.pdf, para justificar la importancia que tiene el enfoque globalizador como principio pedagógico.

13. Zabalza, M. A. (1996). Los diez aspectos clave de una Educación Infantil de calidad. Recuperado de https://www3.gobiernodecanarias.org/medusa/ecoblog/aarrmor/files/2013/05/LOS-DIEZ-ASPECTOS-CLAVES-DE-LA-EDUCACION-INFANTIL-DE-CALID1.pdf, para justificar la importancia que tiene la evaluación en todo proceso y proyecto educativo, para que sea de calidad.

Vídeos:

14. Guillen, J.C. (2018) ¿Para qué educamos? https://www.google.com/search?q=jesus+c+guillen&rlz=1C1SAVM_enES631ES635&oq=jesus+c+guillen&aqs=chrome..69i57j0i271l3j69i60l3.1902j0j4&sourceid=chrome&ie=UTF-8#fpstate=ive&vld=cid:188cd49c,vid:BgHv9NLI-0g, para afirmar la importancia que tiene la neuroeducación, es decir, para generar aprendizajes desde, en y para la vida.

15. Guerrero, R. (2020). Neurociencia de las emociones. https://www.youtube.com/watch?v=hmhyLmXf16Y, para afirmar la importancia que tiene que nombremos las emociones para que empiecen a ``existir´´.

16. Mora, F. (2019). El maestro es la joya de la corona de un país. https://aprendemosjuntos.bbva.com/especial/que-es-la-neuroeducacion-francisco-mora/, para afirmar la capacidad plástica que tiene el cerebro de un niño/a.

17. Sigman, M. (2018). Consejos para conocer nuevas formas de aprender. https://escuelaconcerebro.wordpress.com/2018/06/01/una-nueva-educacion-es-necesaria-y-posible/?_ga=2.5712051.1802002967.1668959747-324652382.1668959747, para afirmar la sentencia de que ganan ambos niños cuando se enseñan los unos a los otros en las parejas tutorizadas que se realizan en algunas de las actividades propuestas.

18. Yuste, R. (2018). La neurociencia nos muestra nuevos caminos en la educación. https://www.youtube.com/watch?v=frVZXmaDNmI, para afirmar la sentencia de que los cimientos de la educación deben estar creador a base de aprendizajes de calidad.

REFERENCIAS BIBLIOGRÁFICAS ESPECÍFICAS

19. Fernández, J. A. (2019). *La sonrisa del conocimiento*. Madrid: CCS.

20. Instrucción 11/2022, de 23 de junio, de la Dirección General de Ordenación y Evaluación Educativa, por la que se establecen aspectos de organización y funcionamiento para los centros que impartan educación infantil para el curso 2022/2023.

21. Malaguzzi, L. (2011). *La educación infantil en Reggio Emilia*. Barcelona: Octaedro. [Principios DUA]. (s.f.). EducaDUA. https://www.educadua.es/html/dua/pautasDUA/dua_principios.html

22. Zabalza, M.A. (1996) *Calidad en la Educación Infantil*. Madrid: Narcea.

INFORMACIÓN COMPLEMENTARIA

Ambos Códigos QR presentan el proyecto desde dos perspectivas distintas: desde la atención a las dificultades que pueden acontecer en el aula y desde la neuroeducación en sí.

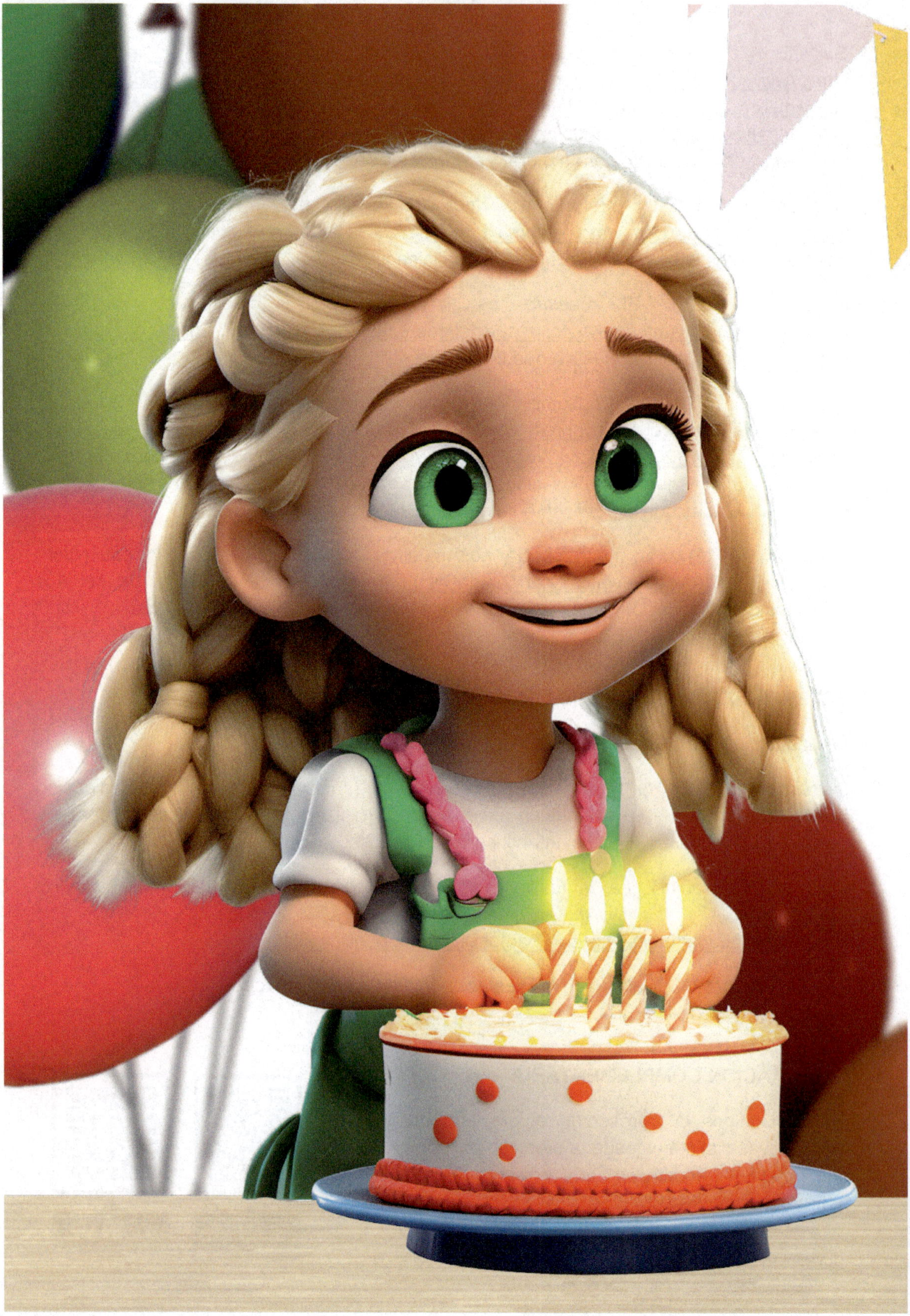

- Mamá, los *tatuajes de dinosaurios* son míos eh, sólo los de unicornios.
- Mario, tienes muchos, **hay que saber compartir**, a lo mejor a *Marina* también le gustan los de dinosaurios.
- Pero, los de *dinosaurios* son míos, **me los compró la abuelita** en el chino.

Cumpleaños feliz, cumpleaños feliz, te deseamos todos cumpleaños feliz.

Hoy, *Marina*, ha traído una *tarta* para almorzar todos juntos, hemos soplado las **cuatro velas**. Hemos repasado el número cuatro con un *circuito de coches* que ha preparado Ana, la **maestra de prácticas**, que acompaña este trimestre a *María Jesús*.

¿Lo más divertido? Que esta tarde, todos los amigos estamos invitados al **parque de bolas**.

¡Bieeeeeeennnnnnnnnnnnnnn!

SUBE Y BAJA DE EMOCIONES TRICOLOR

Lida Mariela Romo-Leroux Pazmiño

SUBE Y BAJA TRICOLOR

PROYECTO NEUROEDUCATIVO

EL SOL Y LA NUBE

(Poema corto para niños sobre tolerancia)

A la misma hora,
por el mismo lugar,
el sol y la nube
van a pasear.

"¡Quítate de en medio!
Ponte aquí detrás,
deja que mis rayos
puedan calentar".

"Igual que estás tú,
puedo estar yo",
contesta la nube
delante del sol.

Un niño en la Tierra
juega con la arena,
ve como discuten
y les dice con pena:

"El cielo es hogar
del sol y planetas,
estrellas y nubes,
la luna y cometas".

"¿Por qué peleáis?
El cielo es muy grande,
uno con el otro
debéis ser tolerantes".

El niño les mira
esperando respuesta,
el sol y la nube
ahora se avergüenzan

Aprenden de un niño
la nube y el sol,
que el mundo es de todos
¡Una gran lección!

Autora: Marisa Alonso

Justificación del Proyecto

Este proyecto tiene como fin la aplicación directa de la neuroeducación en niños que acuden a un Centro de Desarrollo Cultural Infantil de un sector de nivel socioeconómico medio-alto de la ciudad de Guayaquil-Ecuador, con el objetivo de fomentar y desarrollar el medio y el entorno familiar de los niños; importancia de la inclusión como un derecho y una obligación social de todos quienes conformamos la triada educativa que se encuentra regulada y establecida en la Ley Orgánica de Educación Intercultural del Ecuador en concordancia con la Constitución del Ecuador y la Ley Orgánica de Discapacidad, entendiendo que todas las actividades curriculares y extracurriculares tienen que guardar uniformidad con las necesidades individuales de cada uno de los niños como personas de atención prioritaria y del interés superior del niño, más aún cuando en ellos se presenta una doble vulnerabilidad, la del ser un niño y la de tener una discapacidad..

"La neurociencia nos ayuda a saber cómo funciona el cerebro y cómo intervienen los procesos neurobiológicos en el aprendizaje, para favorecer que este sea más eficaz y óptimo. La Neurodidáctica toma todo este conocimiento para aplicarlo didácticamente en el aula". "Yo apuesto por que todo educador/a sepa sobre Neuroeducación para mejorar su práctica profesional. Si no, sería como estar o seguir aún en blanco y negro ignorando que hemos descubierto el cine en color". Anna Forés.

Además, la Neurociencia también **aporta conocimientos acerca de "las bases neurales del aprendizaje, de la memoria, de las emociones** y de muchas otras funciones cerebrales que son, día a día, estimuladas y fortalecidas en el aula" **Luque Rojas (2022)**

La Neurociencia deslumbra a los educadores ya que nos enseña cómo aprende el cerebro. La Neuroeducación es la disciplina que estudia el cerebro y este estudio se realiza durante el proceso de enseñanza y aprendizaje.

En el video que nos ofrece Jesús Guillén (Libro: "El cerebro ha sido el gran olvidado", cuyo link está referenciado al final) observaremos una explicación muy amplia acerca del Cerebro y sus funciones, por lo tanto, se incluyó en este proyecto neuroeducativo y se ha aplicado en las situaciones de aprendizaje con los niños del Centro Infantil; aportándonos con conocimientos que nos sirven de ayuda para impartir en el aula una enseñanza y aprendizaje significativo.

Conocer sobre las funciones ejecutivas, (Memoria de Trabajo, Flexibilidad Cognitiva, Control Inhibitorio) fue necesario para aplicarlo en el proyecto neuroeducativo y adaptar estos conocimientos con los niños en la primera infancia.

Considerando promover la inclusión en las escuelas, se realizará un proyecto en el aula con niños de edad infantil, tomando en cuenta la neurodiversidad y reconociendo como una variación del cerebro humano, y como un desafío educativo.

Contexto del Centro

En Ecuador y basados en el perfil de los niños que acuden al Centro Cultural de desarrollo Infantil "Saint Mark", y que son de la edad 18 meses a 48 meses de edad, están contenidos en la Ley Orgánica de la Educación Intercultural que están descritos en el Art. 39.1.- Atención y educación de la primera infancia. Agregado por el Art. 40 de la Ley s/n, R.O. 434S, 19IV 2021). LOEI.

El proyecto ha sido realizado en un Centro Infantil, en donde nos hemos encontrado con un contexto educativo, diverso e inclusivo.

El centro desde su apertura, en el año 2019, ha tenido un perfil homogéneo en cuanto a su alumnado, que siempre se ha manejado como niños de familias jóvenes en un promedio de edad de entre 23 a 35 años de edad, de padre y madre de un nivel socioeconómico medio, con padres profesionales de diversas carreras, con una influencia fuerte de las familias maternas y paternas (abuelos), que forman parte del entorno del pequeño. Desde la apertura hasta la fecha nos vimos en la necesidad de transformar nuestro entorno físico, en un entorno virtual. La pandemia nos permitió adquirir una gama variada de nuevos conocimientos que iban de la mano de los diferentes escenarios que la situación sanitaria y de confinamiento se iban presentando, lo que a su vez era resultado de situaciones hasta entonces nunca antes vividas y que marcadamente eran más evidentes en los niños que nacieron antes y durante esta pandemia, porque el confinamiento y el temor natural que envolvía a su entorno los hizo crecer sin un relacionamiento propio de la presencialidad, que hasta antes de la pandemia se daba por hecho, pero que dejó de existir por más de dos años.

Uno de los insights que trajo la pandemia fue el hecho de que las madres en el caso de los niños con necesidades especiales se encontraron con un situación para la cual no estaban preparadas, porque si ya era un escenario totalmente nuevo en la mayoría de los casos por el hecho de ser profesionales, trabajar y el tener que lidiar y combinar los tele trabajos con la atención de sus hijos, fue mayor el golpe de encontrarse con una realidad que presupone supera a cualquiera que es la de tener un hijo con Necesidades Especiales. Muchos creyeron que estas condiciones de sus hijos eran producto de los nuevos escenarios que presentaba la pandemia sobre el confinamiento y falta de relacionamiento social; para darse cuenta luego que este perfil que presentaban sus hijos no era producto de un agente externo sino de una condición congénita y propia de sus hijos.

Con este antecedente puedo describir a los niños del Centro Cultural de Desarrollo Infantil Saint Mark, como niños con las siguientes debilidades como son: el retraso en el desarrollo del lenguaje, ansiedad de separación, falta de desarrollo de habilidades sociales, no se autorregulan, mala alimentación, el desconocimiento por parte de los padres sobre la estimulación en la primera infancia y su importancia a nivel del cerebro y el desarrollo de sus habilidades en los primeros años de vida.

Ante estas debilidades se desarrollarán estrategias para mejorar sus dificultades, mejorar sus perfiles, fortalecer sus talentos y sus potencialidades y descubrir nuevas habilidades.

Introducción para contextualizar los casos de intervención TEA y TDAH

Un reportaje de diario El Telégrafo del 12 de noviembre de 2022, enrostra la situación que vivimos en Ecuador con respecto a los niños y personas que se encuentran diagnosticados como Trastorno Espectro Autista (TEA), cito:

"Según la organización Mundial de la Salud, en 2018 se reportaron 1.521 casos de autismo en el Ecuador y la gran mayoría no reciben los cuidados adecuados, sin contar a quienes lo padecen y no lo saben o han sido mal diagnosticados. El autismo se reconoce principalmente por dificultades en el lenguaje, déficit de atención y falta de contacto visual. Luego de estas características típicas del TEA, existen casos, los más agudos, en los que la persona puede presentar otras enfermedades como epilepsia o convulsiones y necesitar algún tipo de asistencia a lo largo de su vida. Es una condición con distintos niveles de complejidad y como tal amerita un cuidado comprensivo."

Basados y apoyados en la Constitución y en la LOEI y la Ley de Discapacidad y a la necesidad de adaptar los recursos de aprendizaje y enseñanza en las aulas del Centro de Desarrollo Infantil y brindarles una educación inclusiva, realizaremos un Proyecto Neuroeducativo Inclusivo para los niños con necesidades educativas especiales; en este caso del niño con TEA (trastorno del Espectro Autista) y para niños con necesidades de apoyo educativo en el caso del niño con TDAH.

Este proyecto se realizó en el Centro Cultural de Desarrollo Infantil denominado "Saint Mark"; este es un centro que actualmente ofrece un servicio a niños desde 0 meses hasta los 48 meses de edad; también se brinda apoyo educativo extracurricular, a niños en edades de 6 y 7 años; Desde su apertura en junio de 2019 se han podido identificar 7 niños, con capacidades disminuidas, altas capacidades, alteraciones en el lenguaje, TDAH y TEA.

Uno de los casos del proyecto neuroeducativo que presentamos, está realizado con un pequeño de género masculino que llamaremos David, que proviene de una familia conformada por padre y madre y una hermana. Su madre es un Médico Pediatra y desde el inicio aceptó que su hijo tenía necesidades especiales. El niño ha recibido apoyo e intervención desde los 18 meses de edad. El niño ingresó al centro infantil cuando tenía dos años de edad, en atención temprana pudimos identificar que mostraba algunos índices de alerta y que tenía necesidades especiales, hemos trabajado junto con la familia desde sus primeros años de vida. Además, el niño ha recibido: terapia ocupacional con el Método ABA, terapia de lenguaje y equino terapia. El niño a los 3 años después de someterse a pruebas y diagnósticos fue diagnosticado con TEA grado 2; el niño ha tenido todo el apoyo por parte de su familia y esto se ha visto reflejado en el desarrollo de sus habilidades.

Dentro de los servicios que se brinda en la comunidad en Saint Mark, está el refuerzo educativo, con clases extracurriculares, ponemos como ejemplo a un niño al que llamaremos Joaquín, tiene 6 años, está diagnosticado con TDAH (Trastorno de Déficit de Atención e Hiperactividad), y es predominante con Inatención - Hiperactividad e Impulsividad. El niño recibe apoyo pedagógico por las tardes para ayudarle en el atraso escolar que le causa el TDAH

Niveles de Atención a la Diversidad.

El niño que se encuentra en el Centro De Desarrollo Infantil es un niño con un diagnóstico TEA grado 2, es un alumno con necesidades educativas especiales, derivados a la discapacidad y que además presenta trastornos de conducta, trastornos de la comunicación y necesita apoyo educativo, para alcanzar los objetivos del aprendizaje, logrando los saberes básicos del aprendizaje y competenciales.

Pensando en garantizar el proceso enseñanza y aprendizaje del alumno, el centro se ha adaptado a las necesidades del niño brindándole un lugar accesible para su adaptabilidad, cognitiva, sensorial, física y emocional.

Objetivo del Proyecto

Estimular la capacidad de la memoria y la atención en los niños de 18 a 48 meses de edad, mediante la propuesta neuroeducativa.

Objetivo General de Atención a la diversidad.

EL proyecto neuroeducativo inclusivo tiene como finalidad utilizar metodologías de apoyo educativo y adaptarlas al currículo en los niños de la primera infancia en el Centro de Desarrollo Infantil Saint Mark, con el fin de favorecer a los niños con Necesidades Educativas Especiales y Necesidades Específicas de Apoyo Educativo, logrando un Aprendizaje-Enseñanza, en un contexto diverso.

El proyecto Neuroeducativo para el niño con TEA y TDAH nos obliga a emplear un conjunto de estrategias y metodologías en todas las actividades en el año escolar, para garantizar al alumno con TEA y TDAH su óptimo rendimiento, aprendizaje y desarrollo, respetando su proceso.

DIAGNÓSTICOS

A continuación, detallo la sintomatología del niño diagnosticado con **TEA grado 2:**

Niveles de atención de corto tiempo	Mantiene muy poco contacto visual	Le fastidian los ruidos y se cubre los oídos	Tiene dificultad en el lenguaje
No pueden ordenar la secuencia de una historia	Se mece en la silla	No comienza ni puede continuar una conversación	
No mide los peligros	Socializa muy poco	No se involucra en la actividad por sí solo	No sigue patrones
Cuando se frustra se golpea su cabeza contra el piso	Como no se puede comunicar, se frustra y golpea	Puede permanecer mucho tiempo en una actividad que le gusta o simplemente en el piso en su mundo	

En casa también tiene comportamientos similares, y además no es muy amoroso. Los padres lo ayudan en el día con diferente tipo de terapias, y alimentación. El niño controla sus esfínteres y pide ayuda para ir al baño.

Dificultades diagnóstico del niño con **TDAH**

INATENCIÓN

Seleccionar información importante	Empezar actividades o acabarlas	Prestar atención a dos estímulos a la vez
Contestar con rapidez sin cometer errores	Mantener la atención cuando se le habla directamente	Organizar las tareas, orden en las tareas y presentarlas adecuadamente

HIPERACTIVIDAD

Estar siempre en marcha como si tuviera un motor	Hablar en exceso
Balancearse en la silla, jugar con algo que tiene en la mano, moverse y no estar quieto en las actividades	Tener dificultades para jugar o quedarse tranquilo en actividades de ocio

IMPULSIVIDAD

Pararse a reflexionar antes de actuar, prever las consecuencias de sus acciones	Planificar eventos futuros	Esperar el tiempo necesario para recibir las gratificaciones pactadas
Trabajar para alcanzar un objetivo a largo plazo	Esperar su turno y esperar el trabajo de los demás	Esperar a dar una respuesta

De repente manda un golpe o quiere morder, aunque se da cuenta que no está bien

Evaluación de la propuesta

Este proyecto neuroeducativo puede definir a esta propuesta como relevante y recomienda adaptarla en el currículo educativo para la primera infancia. Este proyecto es neuroeducativo, e interdisciplinar, nos permite en una actividad para potenciar todos los ejes de desarrollo en el niño.

Los niños lograron desarrollar	
✓ Seguridad y autoestima	✓ El lenguaje
✓ Habilidades cognitivas	✓ Autonomía personal y emocional
✓ Pensamiento crítico	✓ Respeto

Es importante destacar que, si tenemos aulas inclusivas, todos los niños aprenderán a ser inclusivos.

La inclusión es un tema que antes no se tocaba y que se mantuvo de alguna manera escondido, la educación ha evolucionado, incluir a los niños con necesidades especiales es parte de ese cambio, porque todos merecen una educación como un doble derecho, el de la educación y el de la inclusión como refiere Paulo Freire. "Aceptar y respetar la diferencia es una de esas virtudes sin las cuales la escucha no se puede dar. La empatía, en definitiva, deber regir nuestra comunicación"

Principios Pedagógicos y Metodología

En este proyecto neuroeducativo se ha utilizado una metodología apoyada en el arte como recurso principal, la música y el teatro, favorecieron el desarrollo de habilidades cognitivas, motrices, emocionales, sociales, adaptada al DUA- A (Diseño Universal de Aprendizaje Accesible)" se hace esta propuesta neuroeducativa.

El DUA favorece a:			
La educación inclusiva	Atiende a la diversidad	Facilita currículo flexible	Educa a los alumnos en competencias
Favorece la accesibilidad	Aplica la Neurociencia	Potencia las diferentes capacidades	Se puede trabajar con clases multiniveles

Adaptaciones Metodológicas

Se utilizó el DUA (Diseño Universal de Aprendizaje) como un modelo de enseñanza, ya que nos proporciona actividades didácticas. El DUA busca que el niño aprenda-aprendiendo y que este aprendizaje causado por la motivación sea un aprendizaje significativo. Se ha utilizado pictogramas para favorecer la comunicación con el niño con TEA, y TDAH y con todos los niños en la edad de la primera infancia, niños que tienen dificultades en el lenguaje, niños que aún no han sido diagnosticados TDAH pero que ya presentan algunas sintomatologías, etc.

Propuestas de actividades DUA.

Dramatic Play o **juego dramático,** es una herramienta que favorece a todas y todos los niños.

Los niños con estas actividades logran		
Trabajar en equipo	Despertar la imaginación	Crear y construir
Desarrollar el lenguaje	Desarrollar la expresión artística	Respetar los turnos
Cambiar los roles	Desarrollar la empatía	Perder el miedo a hablar
Desarrollar la autoestima	etc.	

Situaciones de Aprendizaje

Se llevó a cabo un proyecto neuroeducativo con los niños en edades de 24 a 48 meses de edad, utilizando los colores primarios AMARILLO, AZUL Y ROJO. Los niños aprendieron además que estos tres colores son los colores de la Bandera del Ecuador.

Potenciar el desarrollo de las nociones básicas y ampliar la comprensión de los elementos y las relaciones del mundo natural y cultural.

Ámbito de desarrollo y aprendizaje
Vinculación emocional y social. Descubrimiento del medio natural y cultural

DESTREZAS		
Reconocer el color amarillo	Desarrollar la habilidad óculo-manual, la concentración y la autonomía	Explorar

DESARROLLO DE LA ACTIVIDAD	
La maestra motiva a los niños a disfrazarse con disfraces de color amarillo	La maestra motiva al niño a recoger elementos de color amarillo e introducirlos en una caja o canasta

ACTIVIDAD	
Explorar los elementos de color amarillo y los reconozco	Creo mi propio juego

RECURSOS			
Disfraz de pato, de pollo, de la princesa Bella	Elementos de color amarillo de diferentes texturas y formas	Canasta o cajas	Canción: "Mi pollito amarillo"

Ámbito de descubrimiento: exploración del cuerpo y motricidad

DESTREZAS		
Reconocer el color azul	Desarrollar la habilidad óculo-manual	Desarrollar la concentración

DESARROLLO DE LA ACTIVIDAD
La maestra entrega a los niños una lavacara grande con agua e introduce el color azul con tinta vegetal

ACTIVIDAD

Juego con agua de color azul	Saco con pinzas los pescados

RECURSOS		
Canción Parlante y lavacara	Agua Tinta vegetal	Pompones de color azul Pinzas de color azul

Ámbito del medio natural y cultural- Manifestación del lenguaje verbal y no verbal

DESTREZAS		
Explorar y reconocer el color rojo	Desarrollar la habilidad óculo-manual y concentración	Asociar y desarrollar los sentidos

DESARROLLO DE LA ACTIVIDAD

- Exploro la harina y encuenntro las tarjetas de color rojo
- Asocio el elemento con la tarjeta
- Reconozco las frutas (manzana, frutillas)

RECURSOS		
Canción Parlante	Caja de madera Harina	Tarjetas de color rojo Elementos(manzana)

Descubrimiento del medio natural y cultural		
DESTREZAS		
Descubrir	Desarrollar la habilidad óculo manual	Desarrollar la psicomotricidad
DESARROLLO DE LA ACTIVIDAD		
La maestra esconde pelotas dentro del cup y las pega con cinta. El cup y la pelota son del mismo color. En este caso hemos utilizado el color de la bandera de Ecuador: amarillo, azul y rojo, colores primarios.		
ACTIVIDAD		
Descubro la pelota y la despego		
RECURSOS		
Canción parlante	Cups	Pelotas

ELABORADO POR:
MARIELA ROMO-LEROUX PAZMIÑO

Propuestas de actividades DUA, niños con TEA y TDAH

- **LA MÚSICA**

Las canciones repetidas para cambios de actividades ayuda a que los niños se desarrollen como seres independientes ya que el niño con este recurso sabe lo que tiene que hacer y se motiva por sí solo, a través de la música el niño logra cambiar de actividad cuando escucha la canción. Así, por ejemplo cuando hacemos la bienvenida, a la hora de lavarse las manos, cuando vamos al lunch, a la hora de la despedida, tenemos una canción para cada actividad en la rutina, y todos los días es la misma canción para determinada rutina, esto es un recurso metodológico para trabajar en el aula con todos los niños, lo hemos utilizado con los niños con TEA y con los niños con TDAH.

- **EL TEATRO**

Con el teatro los niños logran:
1. Desarrollar su creatividad e imaginación
2. Aprender a convivir y trabajar en equipo
3. Mejorar su autoestima
4. El teatro favorece al niño al desarrollar la expresión verbal y corporal
5. Estimular su capacidad de memoria y su agilidad mental
6. Perder el miedo
7. Aprender a respetar turnos, a ser más tolerantes y a ser empáticos
8. Desarrollar el lenguaje, etc.

- **LOS ANIMALES DE LA GRANJA**

    1. Asociar el elemento con tarjetas
    2. Hacer el sonido que hace el animalito
    3. Explorar el arroz y encontrar el animalito de la granja
    4. Contar los animalitos y asociar con el número
    5. Poner los animalitos dentro de las cajas y fuera de las cajas
    6. Clasificar los elementos y colocarlos en las cajas (cajas con animalitos, cajas con legos, cajas con cilindros)
    7. Pintar e insertar los animalitos de la granja

- **EL AGUA**

    1. Explorar
    2. Desarrollar la calma
    3. Desarrollar la autorregulación
    4. Desarrollar la concentración
    5. Desarrollar la habilidad óculo manual
    6. Desarrollar la habilidad motriz gruesa con actividades como agarrar con pinzas y sacar los pescaditos que están dentro del agua
    7. Desarrollar la causa y el efecto, cuando utilizamos botella, embudos, jarras
    8. Desarrollar la habilidad motriz fina, con actividades como insertar en botella pompones o piedras

- **EXPLORACIÓN SENSORIAL**

1. Relajarse
2. Regularse
3. Explicar mientras tocan texturas
4. Descubrir y desarrollar la curiosidad
5. Desarrollar los sentidos
6. Desarrollar la habilidad cognitiva, motricidad fina
7. Mantener la concentración por más tiempo

- **ESTACIONES**

1. La autonomía
2. Respetar los turnos
3. Crean su juego
4. Compartir
5. Desarrollar todas las habilidades psicomotrices

ELABORADO POR:
MARIELA ROMO-LEROUX PAZMIÑO

Criterio de Evaluación

"Son el referente específico para el juicio de valor sobre el nivel de desarrollo de las competencias, describen las características o cualidades de aquello que se quiere valorar y que deben demostrar los estudiantes en sus actuaciones ante una situación en un contenido determinado. Los criterios son explícitos están claramente establecidos a partir de los estándares de ciclo y/o desempeño de edad, son estables se observan en distintos momentos de evaluación y situación de aprendizaje:" RVM No.094 2020 MINEDUC.

Teniendo en cuenta estas características y dentro de las normas legales vigentes que se consideran para evaluar a un niño y respetando el proceso de aprendizaje de los niños y las niñas y no la nota final. Fijar la mirada en su proceso sería observar a los niños con atención, analizar las situaciones diversas y al final hacer una evaluación del aprendizaje alcanzado en la niña y el niño.

Por lo tanto, es relevante la claridad de nuestros propósitos, utilizando las competencias y los estándares y los desempeños que queremos obtener en el niño y niña en el aprendizaje. Ya con las evaluaciones obtenidas se puede hacer un análisis, identificar el nivel del logro alcanzado, detectar cualquier necesidad en el niño o niña, hacer un feedback, y comunicar a la familia.

Valoración Final del Proyecto

"Intentar enseñar sin conocer cómo funciona el cerebro pronto será cómo diseñar un guante sin nunca antes haber visto una mano", pues "todo lo que somos, pensamos, sentimos y aprendemos es fruto de nuestro cerebro en interacción constante con nuestro cuerpo y con el entorno" Francisco Mora

EL niño o niña se encuentra en constante aprendizaje desde que nace, todo lo que le rodea es nuevo para él o ella, las conexiones neuronales empiezan su crecimiento apresurado, también entendemos que el cerebro empieza a desarrollarse desde antes de nacer. Todo lo que el niño vive en su entorno, desde las actividades rutinarias, son experiencias de aprendizaje vivencial, por lo tanto, las actividades en su rutina diaria, como comer, bañarse, cepillarse los dientes, dormir etc., pueden representar estímulos sensoriales en los niños y además adquirir conocimientos. Los niños desde que nacen empiezan a conocer algo que nunca habían visto antes, el primer encuentro con su madre es su primer estímulo, la cercanía al momento de su primera lactancia, desde ahí no para el cerebro de aprender y conocer, desde sabores, colores, texturas, emociones, lenguaje, idiomas, etc. Todos los que participamos en el aprendizaje del niño desde la familia y luego en los Centros de Desarrollo Infantil y más tarde en las escuelas, tenemos la responsabilidad y el deber de velar para el desarrollo de todas las capacidades y habilidades del niño. Esta propuesta neuroeducativa apuesta a los educadores, a las familias y a todos en general a adaptarnos al cambio y a salir de nuestra zona de confort. De igual manera llevar la educación no sólo a los niños en la primera infancia, a los niños de preescolar, a las escuelas y colegios sino también en el campo universitario, pensando en la educación como un todo, y en la necesidad de aprender siempre y en toda la vida.

Por lo tanto, considero que este proyecto aplicado en el Centro Infantil es una propuesta significativa, que podemos aplicarla, utilizando estrategias y herramientas, conociendo cómo funciona el cerebro y adaptarnos a la diversidad, desde una propuesta multidisciplinar.

Limitaciones de la propuesta

Dentro de mi experiencia la principal limitante es la negación por parte de los mismos padres de aceptar que sus hijos padecen de alguna condición dentro del TEA o TDAH; ha sido la excepción padre autodidactas y profesionales en medicina quienes no sólo que aceptan la situación de su hijo, sino que buscan lugares y profesionales para fortalecer su desarrollo desde la inclusión. Otra limitante sucede en mi país (Ecuador) ya que existe la norma, pero queda en letra muerta, puesto que en la práctica no hay quien acate la inclusión con un espíritu de servicio y el reconocimiento de este como un derecho de estos. Esto me inspira y me motiva aún más en el deseo de seguir en este camino de la inclusión desde mi profesión como Maestra en Infantil.

Bibliografía

https://www.inclusion.gob.ec/wp-content/uploads/downloads/2013/11/Gu%C3%ADa-TEORICA-METODOLÓGICO-CIBV.pdf

https://www.educaweb.com/noticia/2019/01/10/neurociencia-aliada-mejorar-educacion-18676/ . (Ana Forés)

https://www.youtube.com/watch?v=1URpW32zlyc (Jesús Guillén)

https://www.educaweb.com/noticia/2019/01/10/neurociencia-aliada-mejorar-educacion-18676/
Luque Rojas. 2022

LOEI. **Art. 39.1.- Atención y educación de la primera infancia.** –Art. 6, Art, 47.

La Constitución del Ecuador, Art. 347

RVM No.094 2020 MINEDUC

UNICEF – Programa para cada infancia https://www.unicef.org/es/desarrollo-en-la-primera-infancia

Magisterio- DUA por decreto https://www.magisnet.com/2022/11/dua-por-decreto/

https://www.instagram.com/reel/CWG8tyegmsD/?igshid=OTRmMjhIYjM= Video, aprendiendo los colores, despertando la curiosidad.

Diario el Telégrafo. 2022 https://www.consejodiscapacidades.gob.ec/wp-content/uploads/downloads/2014/02/ley_organica_discapacidades.pdf

https://aprendemosjuntos.bbva.com/especial/que-es-la-neuroeducacion-francisco-mora/
Francisco Mora. 2023

ANEXOS

1 Actividad

- https://www.instagram.com/reel/CWG8tyegmsD/?igshid=OTRmMjhIYjM=
- Cita de actividades. "Con esta actividad se observa como el niño despierta la curiosidad de aprender los colores." SaintMark.

2. Link de actividades citadas.

- ource=ig_web_buttohttps://www.instagram.com/p/B2zVl7vAU7T/?utm_sn_share_sheet
- Cita de actividades. "Se observó en una de las actividades sensoriales, que los niños tenían iniciativa en el juego, los niños crearon su propia actividad, los niños descubrieron el color amarillo, con elementos de color amarillo, lograron desarrollar habilidades mientras se divertían". SaintMark

3. Recursos para utilizar en actividades con niños y en especial con niños con TDAH.

- Canción Infantil "Me tranquilizo" para niños con TDAH modificación de conducta
- https://www.youtube.com/watch?v=aixHCo0HIP4

4. Recursos para utilizar con niños con TEA Y TDAH

- Ejercicio de Mindfulness para niños con TDAH
- https://www.youtube.com/watch?v=ohJOaQn3-vg

Imagen 1

- Metodología con Música, aplicada con una niña con altas capacidades de 3 años.

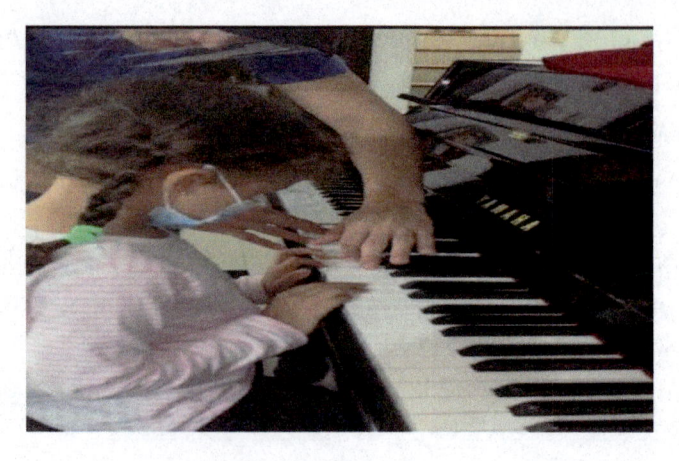

Imagen 2

- Tabla (Ficha de cotejo), utilizada con el niño con TDAH

Nombre del niño: Joaquín

CUESTIONARIO DE CLASES	MUCHO	POCO	NADA
Trabajó con agrado en equipo		X	
Sigue consignas		X	
Uso de vocabulario específico		X	
Termina las actividades en los tiempos		X	
Respeta los turnos		X	
Cumple las rutinas		X	
Manejó la frustración		X	
Pide con palabras amables		X	
Dice gracias	x		
Trabajó de una manera ordenada		X	
Mantuvo la atención por más tiempo		X	
Respeta a sus compañeros		X	
Compartió juguetes	X		

Imagen 3

- Tabla (Resumen de habilidades utilizada con el niño con TEA)

RESUMEN DE PROGRESO DE HABILIDADES					
NOMBRE DEL NIÑO: DAVID					
Ámbito de Aprendizaje:	Logros		Indicadores de logros	LL	EP
Entorno Natural	Desempeño visual				
^	^		Realiza rompecabezas comunes con 12 piezas	LL	
^	^		Asocia imágenes con objetos	LL	
^	^		Reconoce los colores primarios (amarillo, azul y rojo)	LL	
^	^		Hacer contacto visual cuando lo llaman por su nombre	LL	
Lenguaje y Comunicación	Lenguaje Receptivo		Responde a su nombre	LL	
^	^		Expresa verbalmente necesidades	LL	
^	^		Sigue instrucciones para realizar al menos 3 actividades con ayuda gestual	LL	
^	^		Responde al menos 6 movimientos motrices de instrucciones simples en 10 segundos	LL	
^	^		Reconoce y entrega más de 50 objetos e imágenes cuando se le pide	LL	
^	^		Puede seleccionar 10 o más partes del cuerpo	LL	
^	Nombrar		Puede identificar 4 personas de su familia	LL	
^	^		Puede nombrar 4 personas de su familia	LL	
^	^		Puede completar diferentes canciones como "En la granja de mi tío, Baby Shark, Las ruedas del autobús"	LL	
^	Imitación Motora		Puede discriminar 10 o más movimientos a imitar cuando se le presentan varios objetos en mesa	LL	
^	^		Imitar al menos 10 movimientos motores gruesos con las piernas, brazos, manos, cabeza, boca y lengua.	LL	

Figura 4

- Códigos QR

Irene mamá Mara

Laura, le vas a poner un chándal viejo a Mario, puesto que se van a ensuciar mucho, ¿no? ¿Tienen que llevar bocata? ¿Y botellita de agua? ¿Y gorra?
11:19

Pues no lo sé, mañana se lo preguntamos a primera hora cuando les dejemos, porque en la circular aparecía que no les pusiéramos botella de agua, que allí les darían, pero a mí me parece eso un poco extraño.
11:25

Gracias Laura, ya sabes que la llevará mañana mi madre que yo entro antes a trabajar y la conciliación familiar-laboral es un poco difícil.
11:28

De todas formas, ahora preguntamos por el grupo de Telegram al resto a ver qué opinan de lo de la cantimplora.
11:28

- **Eo, eo**
- **Oeeeee!!!**

Oye, pero qué chicos y chicas más bien entrenados, eso es que tenéis una gran maestra de *Educación Infantil*. ¡Bienvenidos a la granja, peques!

¿Quién sabe qué es una *granja*?
- Donde viven los **animales**, dice Carla mordiéndose las uñas.
- Un sitio donde viven cerditos como *Peppa Pig*, dice Zaida ilusionada.
- En el **pueblo de mi yayo** también hay una granja eh, dice Borja de forma chulesca.

Muy bien, peques. Pues hoy vamos a **visitar las instalaciones** y vamos a conocer a los *animales de la granja* y a aprender un poquito más sobre ellos.

Todos al unísono: **¡bieeeeennnnnnn!**

Vamos a visitar la villa, ahora todos nos *convertimos en duendecillos y duendecillas*, venid, venid… Y tocaron **conejos y cobayas**, montaron en **pony**, vieron **vacas**, cogieron a **cabritillos** recién nacidos, incluso pudieron darle de comer a los **burros**.

¿Todos lleváis vuestro **vasito** con la *planta* que habéis plantado?

- A mí se me ha caído, profe.
- No pasa nada, Loren, pero cuando digo que no se corre con el saquito en la mano es por algo. Menos mal, que hemos plantado varias sobrantes.
- **1,2,3,4… 24 y 25**. Vale Gloria, de mi clase estamos todos, ¿y los tuyos?
- Todo conforme María Jesús, eso sí de aquí al cole *no va a quedar ninguno despierto.*
- Jajaja, de eso estoy segura.

UNA AVENTURA PIRATA ¡SÚBETE A BORDO DEL APRENDIZAJE!

María de los Ángeles Aranda Castell, Beatriz Carmona Carmona, Marta Gómez Romero, María del Carmen León Santos, Guillermo Lledó Pons , Rocío Morente Quero, María Luisa Olivares Martínez, Cristina Roca Espiga

Una aventura pirata

¡Súbete a bordo del aprendizaje!

María de los Ángeles Aranda Castell

Beatriz Carmona Carmona

Marta Gómez Romero

María del Carmen León Santos

Guillermo Lledó Pons

Rocío Morente Quero

María Luisa Olivares Martínez

Cristina Roca Espiga

INTRODUCCIÓN Y PERFIL DEL ALUMNADO

Había una vez en una isla desierta un loro llamado Miko. Miko había soñado siempre con ser Pirata y tener su propio barco para navegar en el mar. Un día el sueño de Miko se hizo realidad. A la isla llegó una misteriosa carta dentro de una botella en la que decía:

Hola Miko, ¡estábamos buscándote! Somos una tripulación de piratas que necesitamos un capitán para nuestro barco. Sin embargo, para ser el capitán tendrás que ayudarnos a superar diversas pruebas a lo largo de nuestra aventura. ¿Te quieres subir a bordo del aprendizaje?

Miko no podía creer la suerte que había tenido de ser el elegido para ser el capitán. Aceptó la proposición y al siguiente día un enorme barco fue a la isla para recogerlo. Todos los piratas se pusieron muy felices de tener a Miko con ellos y empezar a vivir nuevas aventuras piratas. Y colorín colorado este cuento acaba de empezar.

En este capítulo, se presenta un proyecto de neuroeducación basado en diferentes situaciones de aprendizaje en Educación Infantil junto con sus adaptaciones pertinentes. El alumnado se sumergirá en una realidad paralela en la que experimentarán una aventura pirata. ¿Te atreves a subirte a bordo con nosotros?

Haciendo referencia a la etapa donde se va a desarrollar el proyecto neuroeducativo, se centra en la segunda etapa de Educación Infantil, en concreto en un aula de 5 años. El aula cuenta con un total de veintidós infantes y entre ellos, se encuentra un alumno con NEE, es decir, un niño con TEA. En general, el alumnado presenta buen nivel en cuanto al proceso de enseñanza- aprendizaje, siempre teniendo en cuenta las características y necesidades de cada uno de ellos.

En definitiva, existe gran cantidad de recursos que favorecen la vida educativa en el centro y que garantiza una educación de calidad, consiguiendo que cada uno de los niños y niñas desarrollen al máximo todas sus capacidades y habilidades.

INTRODUCCIÓN BREVE PARA CONTEXTUALIZAR LOS CASOS SOBRE LOS QUE SE VA A BASAR LA PROPUESTA DE INTERVENCIÓN

Carlos es un niño de 5 años, escolarizado en el segundo ciclo de Educación infantil. A los 3 años se le realizó una evaluación psicopedagógica debido a que presentaba comportamientos relacionados con el Trastorno del Espectro Autista.

Basándonos en los criterios dimensionales del diagnóstico del Trastorno del Espectro Autista según DSM-5, Carlos presenta dificultades a la hora de relacionarse tanto con sus iguales como con adultos, no atiende cuando se le llama por su nombre y en numerosas ocasiones tiende a aislarse.

El alumno requiere de apoyo (nivel 1), las dificultades de comunicación social causan alteraciones evidentes. Muestra dificultades iniciando interacciones sociales y ofrece ejemplos claros de respuesta atípica o fallida a las aperturas sociales de otros. Le gusta jugar solo y su círculo de intereses es muy reducido. Entiende la literalidad del mensaje, teniendo dificultades en los dobles sentidos o ironías.

Presenta dificultades en la apertura social, busca también a sus compañeros, pero tiende a acabar con sus temas de interés ya sea jugando o hablando de ellos. Muestra un gran interés hacia los cuentos, puede pasar horas mirándolos, le encanta la música y dibujar con diferentes lápices de colores, al igual que le resulta interesante los temas relacionados con los coches, los animales y los números.

Sus habilidades motrices son adecuadas y no presenta problemas de audición. No reacciona bien ante cambios imprevistos, por lo que es muy importante adelantar mediante pictogramas o con dibujos en su defecto, los posibles cambios que puedan ocurrir. Sigue siempre una rutina y en el aula tiene su rincón de trabajo individual y de "tú a tú" con la tutora y profesoras de PT y AL. Todo su material está adaptado con pictogramas pues son personas muy visuales, aprenden mejor con imágenes.

La familia de Carlos se muestra muy implicada y participativa en el proceso educativo de su hijo. Colabora con el centro adecuadamente y siguen las indicaciones que se les da desde el colegio para realizar en casa. Además, Carlos acude por las tardes al Centro de atención infantil temprana (en adelante CAIT).

NIVELES DE ATENCIÓN A LA DIVERSIDAD/MEDIDAS DE ATENCIÓN A LA DIVERSIDAD

Una vez que conocemos el caso de nuestro alumno Carlos, pasamos a proponer los niveles de atención a la diversidad que más se ajusten a sus necesidades. Para ello tomaremos como referente las Instrucciones del 8 de marzo de 2017, de la Dirección General de Participación y Equidad, por la que se actualiza el protocolo de detección, identificación del alumnado con necesidades específicas de apoyo educativo y organización de la respuesta educativa. En ella quedan recogidas las medidas de atención a la diversidad que llevaremos a cabo con nuestro alumnado.

Para el desarrollo de nuestro proyecto neuroeducativo tendremos en cuenta una serie de medidas ordinarias para hacer frente a las necesidades de nuestro alumno con TEA. Estas se caracterizan por no alterar los objetivos, contenidos ni criterios de evaluación. Carlos se encuentra en la etapa de Educación Infantil y no presenta un desfase curricular como para realizar medidas extraordinarias.

En este caso se llevarán a cabo adaptaciones de acceso y metodológicas. Las adaptaciones de acceso se realizan a través de pictogramas y se tienen en cuenta los principios de la metodología TEACCH. Se emplean en todo momento ayudas visuales y se sigue una rutina (haciendo siempre la misma secuencia).

Asimismo, Carlos cuenta con el recurso personal de la maestra de Pedagogía Terapéutica que intervendrá dos veces a la semana. De esta forma, el alumno recibirá una atención personalizada para la mejora de sus necesidades trabajando sobre todo el ámbito de la socialización y comunicación.

OBJETIVOS DEL PROYECTO

La realización de este proyecto neuroeducativo lleva consigo diversos objetivos:

- Iniciar un aprendizaje desde las disposiciones señaladas por la Neuroeducación, para alcanzar un aprendizaje emocionante y único.
- Desarrolla la capacidad de atención, percepción y memoria en el alumnado de Educación Infantil mediante el proyecto neuroeducativo.
- Fomentar la cooperación e interacción como grupo-clase teniendo en cuenta el conocimiento, respeto y aceptación tanto propia como de los demás.
- Promover actitudes estimulantes y participativas en el alumnado con el fin de mejorar su proceso de enseñanza-aprendizaje.
- Potenciar y estimular la creatividad, imaginación y autoestima de los alumnos y alumnas mediante las actividades realizadas.
- Generar experiencias innovadoras en Educación Infantil a través de una alternativa motivadora para el alumnado.

OBJETIVOS GENERALES DE ATENCIÓN A LA DIVERSIDAD

Los objetivos generales que se han tenido en cuenta para la realización del proyecto son las siguientes:

- Facilitar al alumnado, en particular alumnos con NEE de compensación educativa, con dificultades de aprendizaje o en situación de desventaja, las respuestas educativas más idóneas a sus necesidades.
- Planificar las medidas de atención a la diversidad para los alumnos que las necesiten.
- Favorecer una escuela que promueva la autonomía y la responsabilidad en el trabajo en la toma de decisiones.
- Garantizar el óptimo rendimiento, aprendizaje y desarrollo del alumnado.

DIAGNÓSTICO DE NECESIDADES

Para el diagnóstico de las necesidades de Carlos se realizó una anamnesis recogiendo datos sobre el historial clínico (embarazo, parto, hitos del desarrollo, etc.). Además, se usó el Documento inventario de Desarrollo "Rangos" del programa AITTEA que valora las competencias propias de cada rango de desarrollo en base a: diferentes áreas de desarrollo psicomotor, conductas, etc.

Se evaluaron las habilidades socio-comunicativas, cognitivas que se consideran centrales dentro de un programa de intervención para niños pequeños con TEA. No obstante, se evaluaron también las habilidades adaptativas funcionales, fundamentalmente en relación a las habilidades de autocuidado y autorregulación personal. Como resultado hemos obtenido las siguientes necesidades en los diferentes niveles mencionados anteriormente:

A nivel comunicativo lingüístico	A nivel rigidez cognitiva y comportamental	A nivel de cuidado y autonomía
• Un ambiente estructurado y predecible. • Un contexto y unas interacciones normalizadas que le proporcionen estabilidad emocional. • Percepción de señales y lenguaje claro. • Desarrollar la inatención comunicativa del niño/a. • Comprender el lenguaje no literal como bromas, metáforas, chistes, etc.	• Ampliar sus intereses y compartirlos con los demás. • Acercar al alumnado a la realización de juegos espontáneos. • Ambientes tranquilos evitando ruidos excesivos	• Alcanzar gradualmente mayores niveles de autonomía en todos los ámbitos de desarrollo integral de la personalidad: alimentación, vestido, aseo. • Identificar situaciones de peligro. • Percibir sus necesidades básicas de forma autónoma.

Asimismo, para evaluar la conducta espontánea se utilizó la observación directa en el contexto escolar y para el contexto familiar, una entrevista a los padres para conocer conductas que tienen en casa y en dicho entorno.

COMPETENCIAS CLAVE, DESCRIPTORES OPERATIVOS Y PERFIL DE SALIDA.

Según el artículo 3 apartado c del Real Decreto 95/2021, de 1 de febrero define las competencias claves: "Desempeños que se consideran imprescindibles para que el alumnado pueda progresar con garantías de éxito en su itinerario formativo, y afrontar los principales retos y desafíos globales y locales". En este proyecto, las competencias claves que pretendemos conseguir con nuestros alumnos son las siguientes:

- Competencia de comunicación lingüística.
- Competencia plurilingüe.
- Competencia matemática y competencia en ciencia, tecnología e ingeniería.
- Competencia digital.
- Competencia personal, social y de aprender a aprender.
- Competencia ciudadana.
- Competencia emprendedora.
- Competencia en conciencia y expresión cultural.

Por último, destacar que según la ley no existe jerarquía entre las distintas competencias, ya que se consideran todas iguales y entre ellas se entrelazan.

COMPETENCIAS ESPECÍFICAS Y SABERES BÁSICOS Y CRITERIOS DE EVALUACIÓN

A continuación, presentamos una rúbrica donde aparecen algunos criterios de evaluación en relación con el proyecto. Tanto las competencias específicas, los saberes básicos y los criterios de evaluación vienen desarrollados en el cuadro de cada situación de aprendizaje

Criterios de evaluación	Poco adecuado	Adecuado	Muy adecuado	Excelente
Identifica y expresa sus necesidades y sentimientos ajustando progresivamente el control de sus emociones				
Expresa inquietudes, gustos y preferencias, mostrando seguridad sobre los logros conseguidos				
Evoca y expresa espontáneamente ideas a través del relato				
Utiliza el lenguaje oral como instrumento regulador				
Identifica situaciones cotidianas en las que se precisa medir utilizando el cuerpo u otros materiales				
Interactúa con distintos recursos digitales familiarizándose con diferentes medios y herramientas digitales				

EVALUACIÓN DE LA PROPUESTA

La evaluación nos permite al profesorado conocer el grado en el que nuestro alumnado adquiere los aprendizajes programados; así como facilitarles el conocimiento de su propio progreso personal en los nuevos aprendizajes.

Teniendo en cuenta los criterios metodológicos que hemos adoptado, nuestra evaluación será global, flexible, formativa y continúa. Así podremos establecer medidas de atención a la diversidad con el alumnado que lo necesite y no será preciso esperar a una sesión de evaluación. Esto nos permite atender a la diversidad de nuestro alumnado, interviniendo sobre aquellos aspectos que necesiten una mejora para facilitar su adquisición y desarrollo.

Además, llevaremos a cabo una evaluación inicial y final. Una evaluación inicial como punto de partida para saber los conocimientos que posee nuestro alumnado.

Al terminar nuestra intervención realizaremos una evaluación final para conocer si se han alcanzado los objetivos planteados al principio. Para ello utilizaremos diferentes técnicas e instrumentos de evaluación y se adaptarán a las características de nuestro alumnado con NEE.

A continuación, las mostramos en la siguiente tabla:

TÉCNICAS	INSTRUMENTOS
Observación	Listas de control o cotejo, registros anecdóticos, cuaderno del profesor, escalas de estimación/rúbricas.
Análisis de producciones o desempeños	Producciones artísticas, cuadernos, fichas, etc.

ACTIVIDAD	OBJETIVO	CRITERIO DE EVALUACIÓN
¿Qué emoción soy? Para esta actividad ofrecemos a Carlos pictogramas para reconocer cada emoción	Identificar y expresar una emoción	Identificar y expresar la emoción ofrecida visualmente
		Conseguido En proceso No iniciado ☐ ☐ ☐
Adivinanzas piratas Las adivinanzas irán acompañadas de pictogramas	Adivinar la adivinanza	Es capaz de resolver la adivinanza con ayuda visual
		Conseguido En proceso No iniciado ☐ ☐ ☐
Cada carta con su objeto pirata Para esta actividad de Memory, Carlos comenzará con un movimiento de cartas más reducido para ir familiarizándose y poco a poco se irá aumentando su nivel	Encontrar la pareja de cartas	Encuentra la pareja de cartas, sabiendo reconocer cuál es su pareja
		Conseguido En proceso No iniciado ☐ ☐ ☐
Cocinamos una pizza Se usará con Carlos ayuda visual como son los depresores del método ABN para tener más claras las operaciones que tiene que realizar	Realizar las operaciones	Es capaz de realizar las sumas y restar para colocar el número exacto de ingredientes
		Conseguido En proceso No iniciado ☐ ☐ ☐
Narradores de nuestra propia historia Se le pondrá en la mesa a Carlos cuadrados diferentes	Realizar frases sencillas mediante pictogramas	Elabora con pictogramas frases sencillas
		Conseguido En proceso No iniciado ☐ ☐ ☐

PRINCIPIOS PEDAGÓGICOS Y PROPUESTAS METODOLÓGICAS.

Los principios pedagógicos orientarán la propuesta para nuestro alumnado y estarán presididos por el principio de inclusión educativa. Nos centraremos en:

- Garantizar la inclusión educativa en la prevención de las dificultades de aprendizaje y en la puesta en práctica de mecanismos de refuerzo y flexibilización.
- Potenciar la educación emocional y en valores y la potenciación del aprendizaje significativo para el desarrollo de las competencias transversales que promuevan la autonomía y la reflexión.
- Fomentar la lectura dedicando un tiempo diario a la misma. Para ello, se contará con la colaboración de las familias.
- Establecer las medidas de flexibilización y alternativas metodológicas para mejorar la capacidad de aprendizaje y los resultados de todo el mundo.
- Establecer las medidas de flexibilización y alternativas metodológicas en la enseñanza y evaluación de la lengua extranjera para la evaluación con necesidad específica de apoyo educativo, para aquel que presente dificultades en su comprensión y expresión.

La metodología que llevaremos a cabo en nuestra intervención es una metodología inclusiva que apuesta por la participación de todo el alumnado en su aprendizaje. Para ello deberemos ofrecer diferentes recursos adaptados a las necesidades de nuestro alumnado para facilitar su desarrollo. Esto queda recogido en los Principios de la metodología DUA (Diseño Universal para el Aprendizaje) cuyo principal objetivo es la inclusión en el aula y favorecer la igualdad de oportunidades.

Además, apostamos por una metodología donde nuestro alumnado sea el protagonista de su aprendizaje. El profesorado ofrecerá un aprendizaje significativo que relacione los conocimientos aprendidos con los ya adquiridos, y que sean útiles para su vida cotidiana.

La práctica educativa permite diferentes enfoques metodológicos para tomar decisiones y qué de esta manera, nuestra intervención tenga un sentido educativo. Algunos en los que nos basaremos serán:

- Enfoque globalizador y aprendizaje significativo.
- Atención a la diversidad.
- El juego: instrumento privilegiado de intervención educativa.
- La actividad infantil, la observación y la experimentación.
- La configuración del ambiente: marco del trabajo educativo.
- Los espacios y los materiales: soporte para la acción, interacción y comunicación.
- El tiempo en Educación Infantil.

Estos enfoques metodológicos deberán contextualizarse según las características de nuestro alumnado. Para conseguirlo llevaremos a cabo las siguientes estrategias metodológicas:

- Un papel activo del alumno.
- Un aprendizaje cooperativo.
- Un feed back correctivo, un modelo correcto y propiciando la producción.
- Potenciar su competencia lingüística y priorizar su comunicación.
- Aprendizaje por imitación.
- Uso de las nuevas tecnologías de la información.

Debido a la variedad de propuestas metodológicas existentes, en nuestro proyecto algunas de las que utilizaremos para favorecer la inclusión de nuestro alumnado serán: el Aprendizaje Cooperativo, la gamificación (se consigue una mejor motivación debido a su carácter lúdico) y el aula invertida (a través del uso de aplicaciones donde se pueda subir el material). Hay que tener presente, como propuestas metodológicas una serie de criterios:

| Establecer un clima de seguridad y confianza con las familias | Potenciar la observación y exploración del entorno inmediato | Realizar rutinas | Realizar actividades que tengan en cuenta tanto la individualidad como la diversidad del alumnado | Organizar el espacio y el tiempo, de acuerdo a las características psicoevolutivas de los niños y niñas |

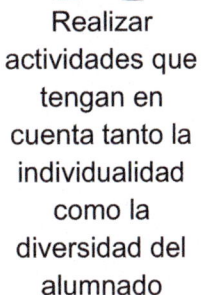

ADAPTACIONES METODOLÓGICAS BASADAS EN LOS PRINCIPIOS DE LA NEUROEDUCACIÓN.

Dadas las necesidades que presenta nuestro alumnado y para atender a ellas desde un enfoque inclusivo, para nuestro alumnado TEA, llevaremos a cabo las siguientes adaptaciones metodológicas:

Generales

- Planificar con anticipación la jornada escolar de cada día utilizando agendas visuales.
- Estructurar y organizar el espacio y los materiales del aula, evitando continuas modificaciones y exposiciones a múltiples estímulos.
- Establecer rutinas estables y funcionales, con uso frecuente de ayudas visuales.
- Emplear alguna estrategia para dar a conocer al alumno los tiempos mediante algún cronómetro o alarma.
- Realizar actividades sencillas y estructuradas.
- Realizar adaptaciones en las pruebas escritas: apoyos visuales y proporcionar más tiempo para realizar las tareas.
- Utilizar principios de la metodología TEACCH.

Habilidades sociales

- Fomentar el interés del alumno mediante actividades lúdicas.
- Facilitar la interacción social con sus compañeros y personas adultas.
- Trabajar preferentemente en grupos pequeños o por parejas.
- Utilizar la comunicación no verbal.

SITUACIONES DE APRENDIZAJE.

Según el Real Decreto 95/2022, de 1 de febrero, por el que se establece la ordenación y las enseñanzas mínimas de la Educación Infantil, las situaciones de aprendizaje se consideran como aquellas situaciones que implican el despliegue por parte del alumnado de actuaciones asociadas a las competencias claves y competencias específicas y que aporten a la adquisición y el desarrollo de las mismas.

Haciendo referencia a las situaciones de aprendizaje diseñadas para este proyecto neuroeducativo, hay que destacar que está compuesto por 8 situaciones de aprendizaje donde el alumnado realizará diferentes pruebas.

Se trata de una propuesta adaptada a cada una de las necesidades del alumnado, manteniendo cada uno de los ritmos de aprendizaje.

Por consiguiente, el proyecto se compone de 3 tres partes principales, divididas en: una primera parte inicial, una segunda parte de desarrollo donde se encuentran incluidas las ocho situaciones de aprendizaje y una tercera parte final. Nuestro hilo conductor para el desarrollo del proyecto se llama: Una aventura pirata: ¡súbete a bordo del aprendizaje.

Para ello, tendremos la primera parte para sumergir a nuestro alumnado con la temática de los piratas. En esta primera parte ofreceremos a los alumnos/as un video realizado por nosotros mismos en los que nos convertimos en el capitán del barco. En un viaje que hemos realizado hemos perdido un tesoro y tenemos 8 llaves que abren el tesoro perdidas por diferentes islas, por ello pedimos a nuestro alumnado que sean la tripulación de este barco y nos ayude a recuperarlos ya que solos nos es imposible, ¡necesitamos su ayuda!

A lo largo del desarrollo del proyecto trabajaremos una situación de aprendizaje, la cual se asociará a una isla, en la que deben resolver las actividades planteadas para recuperar una llave. Así con las 8 situaciones, trabajando en cada una de ellas un contenido específico. Al final obtendrán todas las llaves que les abrirán el tesoro. En consecuencia, a continuación, se encuentra el desarrollo del proyecto.

- **1ª parte: ¿Quién es Miko?**

    Respecto a la primera sesión, esta se llevará a cabo posterior a la asamblea diaria, por lo que el alumnado se encontrará colocado en el rincón de la asamblea. Así pues, el o la docente del aula iniciará el proyecto, narrado por él o ella, poniendo en la pizarra digital el vídeo inicial. Posteriormente, se llevará a cabo una lluvia de ideas en la cual el alumnado realizará diversas cuestiones sobre el vídeo. El vídeo inicial se puede observar en el QR de la izquierda.

- **2ª parte: Situaciones de aprendizaje.**

En cuanto a las situaciones de aprendizaje, estas seguirán un patrón común en su desarrollo. Así pues, para que las situaciones de aprendizaje se desarrollen de modo igualitario, se ha creado el siguiente mapa que se encuentra en el QR de la derecha.

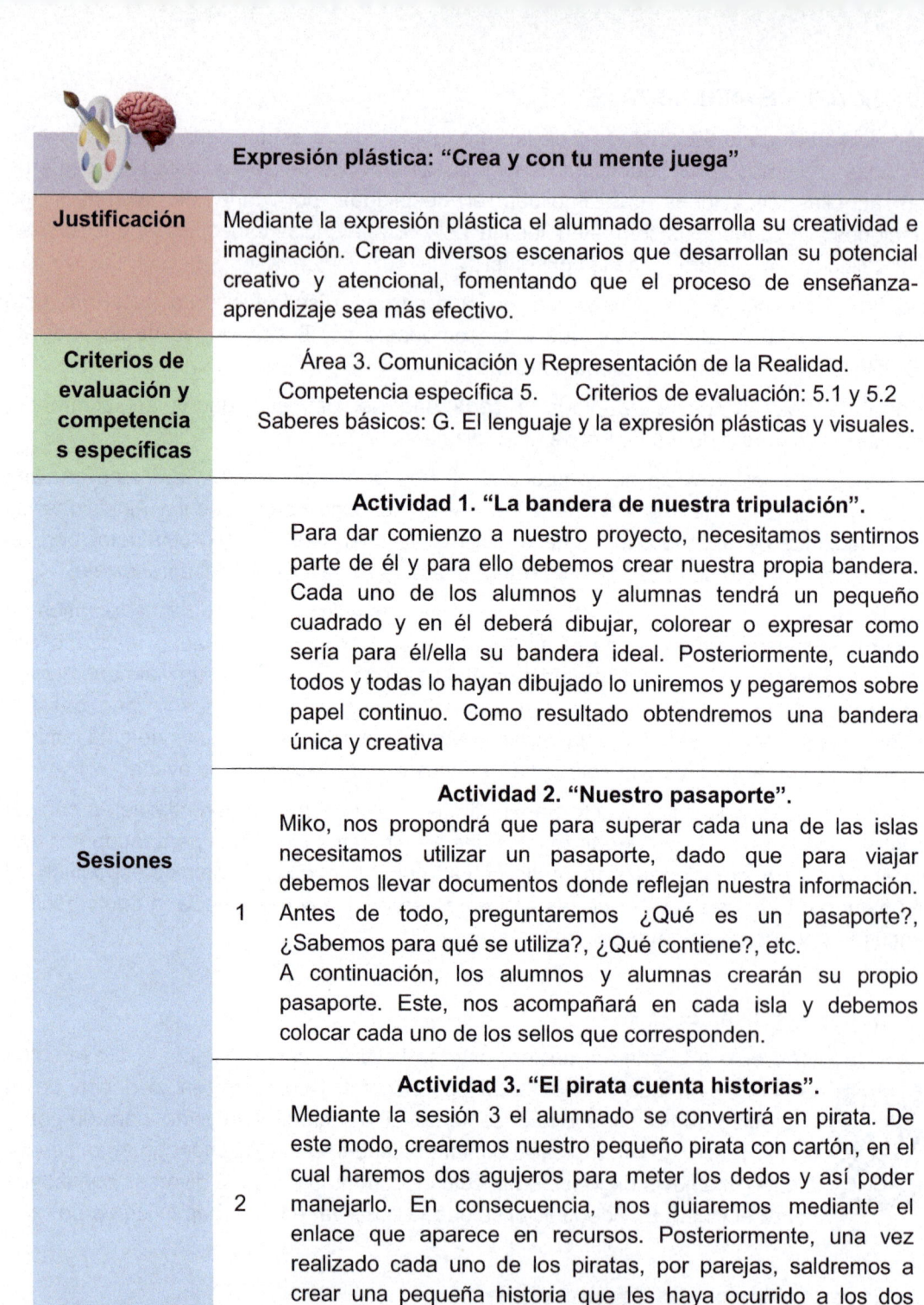

	Expresión plástica: "Crea y con tu mente juega"	
Justificación	Mediante la expresión plástica el alumnado desarrolla su creatividad e imaginación. Crean diversos escenarios que desarrollan su potencial creativo y atencional, fomentando que el proceso de enseñanza-aprendizaje sea más efectivo.	
Criterios de evaluación y competencias específicas	Área 3. Comunicación y Representación de la Realidad. Competencia específica 5. Criterios de evaluación: 5.1 y 5.2 Saberes básicos: G. El lenguaje y la expresión plásticas y visuales.	
Sesiones	1	**Actividad 1. "La bandera de nuestra tripulación".** Para dar comienzo a nuestro proyecto, necesitamos sentirnos parte de él y para ello debemos crear nuestra propia bandera. Cada uno de los alumnos y alumnas tendrá un pequeño cuadrado y en él deberá dibujar, colorear o expresar como sería para él/ella su bandera ideal. Posteriormente, cuando todos y todas lo hayan dibujado lo uniremos y pegaremos sobre papel continuo. Como resultado obtendremos una bandera única y creativa **Actividad 2. "Nuestro pasaporte".** Miko, nos propondrá que para superar cada una de las islas necesitamos utilizar un pasaporte, dado que para viajar debemos llevar documentos donde reflejan nuestra información. Antes de todo, preguntaremos ¿Qué es un pasaporte?, ¿Sabemos para qué se utiliza?, ¿Qué contiene?, etc. A continuación, los alumnos y alumnas crearán su propio pasaporte. Este, nos acompañará en cada isla y debemos colocar cada uno de los sellos que corresponden.
	2	**Actividad 3. "El pirata cuenta historias".** Mediante la sesión 3 el alumnado se convertirá en pirata. De este modo, crearemos nuestro pequeño pirata con cartón, en el cual haremos dos agujeros para meter los dedos y así poder manejarlo. En consecuencia, nos guiaremos mediante el enlace que aparece en recursos. Posteriormente, una vez realizado cada uno de los piratas, por parejas, saldremos a crear una pequeña historia que les haya ocurrido a los dos piratas. El alumnado puede expresarse libremente con las historias, desarrollando su creatividad.
Recursos		

	Comprensión. *The island of the colors*
Justificación	La actividad principal de la sesión gira principalmente en torno a la comprensión oral, además de la psicomotricidad. Partiremos de la necesidad de descubrir un código secreto de colores para abrir un gran sobre al final. Para ello, crearemos una historia que requiere movimiento y comprensión oral, con la particularidad que Miko nos contará la historia en inglés. Las palabras clave de la historia son los colores y animales.
Criterios de evaluación y competencias específicas	Área 3. Comunicación y Representación de la Realidad. Competencia específica 3. Criterios de evaluación: 3.1, 3.6 y 3.7 Saberes básicos: B. Las lenguas y sus hablantes, C. Comunicación verbal oral: expresión, comprensión y diálogo, D. Aproximación al lenguaje escrito; y H. El lenguaje y la expresión corporal.
Sesiones	Para plantear la siguiente situación educativa, contaremos a nuestro alumnado que Miko hoy puede que llegue tarde, porque ha tenido que viajar muy lejos; a una tierra donde se habla inglés. Las actividades de la situación de aprendizaje giran en torno a desentrañar y comprender una historia con soporte visual y oral. **Actividad 1. Before: let's review.** Antes de la historia, haremos una revisión de los conocimientos previos del alumnado y comprobar si recuerdan las palabras de vocabulario de anteriores clases. Para ello, utilizaremos la pizarra interactiva y un vídeo. **Actividad 2. While: listen and search.** Durante la historia, Miko irá nombrando animales de ciertos colores que nos iremos encontrando en una isla: *a green dog, a red cat, a yellow elephant, a blue tiger* and *a pink mouse*. Mientras escuchan activamente, los alumnos y las alumnas deberán buscar un objeto que se encuentre en el aula del mismo color nombrado: libros, juguetes, material escolar, una chaqueta, etc. Al final de la historia, deberán tener cinco objetos de diferentes colores. **Actividad 3. After: The secret code.** Después de la historia, los alumnos deberán ponerse de acuerdo por grupos y recordar el orden de los colores según aparecían en la historia. Esa será la combinación que abrirá el sobre. En el sobre habrá un póster para decorar la clase.
Recursos	Actividad 1 y 2: Pizarra digital Actividad 2 [QR] Actividad 3: Póster de recompensa

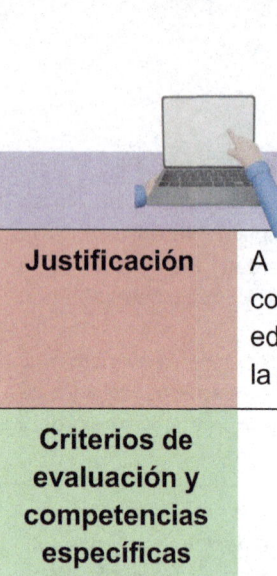

Las TIC: ¡Miko nos enseña las TIC!

Justificación	A través del uso de las tecnologías de la información y de la comunicación (TIC), se promoverá la comunicación e interacción educativa permitiendo al mismo tiempo desarrollar capacidades como la atención o la memoria.
Criterios de evaluación y competencias específicas	Área 3. Comunicación y Representación de la Realidad Competencias específicas: 1, 2 y 5. Criterios de evaluación: 1.4, 2.2 y 5.2 Saberes básicos: I. Alfabetización Digital.
Sesiones	Para llevar a cabo las actividades el alumnado saldrá por turnos de uno en uno elegidos al azar, saliendo a utilizar la pizarra digital para realizar una actividad o una parte de ella según corresponda. 1 **Actividad 1. "Adivinanzas Piratas"** En esta actividad los niños y niñas al darle a play escucharán una adivinanza relacionada con el mundo de los piratas y podrán ver una rana que tendrá que saltar al nenúfar en el que está la opción correcta de la adivinanza, apareciendo así otra adivinanza hasta que la rana llega a tierra superando la actividad. **Actividad 2. "Cada carta con su objeto pirata"** Se trata de un memory con diferentes pictogramas de objetos relacionados con los piratas. Las cartas aparecerán boca abajo y el alumnado irá dando la vuelta a las cartas de dos en dos, hasta encontrar la pareja de pictogramas iguales. **Actividad 3. "¡Ayuda a Lizzie a salir del laberinto!"** Miko pide ayuda para que Lizzie pueda salir del laberinto. En cada pantalla, aparecerá una imagen en la esquina superior derecha donde está Lizzie con una serie de objetos alrededor de ella: arriba, abajo, izquierda y derecha y Miko nos dirá hasta qué objeto debemos ir por el laberinto para poder avanzar (ejemplo: ir hasta el objeto que está a su derecha), si nos equivocamos de objeto o tocamos el borde del laberinto, Lizzie volverá al lugar de salida y empezaremos de nuevo.
Recursos	Actividad 1 Actividad 2 Actividad 3

	Las emociones: Y tú, ¿qué sientes?
Justificación	Esta situación se basa en trabajar la inteligencia emocional.
Criterios de evaluación y competencias específicas	Área 1. Crecimiento en armonía. Competencia específica 2. Criterios de evaluación: 2.1 y 2.3 Saberes básicos: B. Desarrollo y equilibrio afectivo.
Sesiones	Para comenzar a las sesiones vamos a dar comienzo preguntando a nuestra mascota Miko ¿Cómo se siente? Miko cada sesión nos contará que un día se siente: alegre, triste, enfadado…El primer día nos contará que está muy contento de estar con todos los niños y niñas y que tiene una gigante sonrisa. Y él pregunta, ¿Cómo estáis vosotros? Así comenzaremos con nuestras sesiones, dejando que los alumnos y alumnas expresen cómo se sienten. A continuación, Miko propondrá una actividad relacionada con las emociones para que podamos llegar a ese tesoro que Miko quiere ayudarnos a conseguir.

1	**Actividad 1. ¿Qué emoción soy?** Sacaremos al alumnado fotografías donde ellos deban representar diferentes emociones como puede ser alegría, miedo, ira, tristeza... Con ello ya haremos un acercamiento a las emociones y tras imprimirlas, saldrán 4 alumnos a los que pondremos una cinta en la cabeza donde engancharemos una de las fotos. El alumnado no solo deberá saber reconocer la emoción para dar pistas sobre ella, sino que quién tenga la cinta y tendrán que hacer preguntas como: ¿Enseñas los dientes? y los demás (que responderán sí o no) deberán saber diferentes situaciones donde se den las diferentes emociones. **Actividad 2: Memory de las emociones.** Se debe imprimir la ficha de los emoticonos dos veces para poder hacer parejas. En cada turno uno de los jugadores levanta dos cartas para formar una pareja de imágenes iguales. Si son diferentes las vuelve a dejar tal y como estaban y continúa el siguiente jugador.
2	**Actividad 3: Crea emociones.** Vamos a trabajar en grupos y tenemos un dado creado con diferentes partes de la cara (cejas, ojos y boca) y los peques deberán tirar el dado 3 veces. Y existen varias opciones en el juego: formar tu propia emoción, con las tiradas que toque, identificar las emociones ya formadas y asociarlas a su nombre, hacer una representación expresiva de las emociones y pensar cuándo nos hemos sentido así.

Recursos	Actividad 1: Fotografías de los alumnos. Actividad 2: Memory de las emociones. Actividad 3: Crea emociones (dado).

Lógico- matemática: ¡Juguemos con las matemáticas!

Justificación	Con esta dinámica se pretende conseguir el acercamiento comprensivo a las nociones y relaciones lógicas y matemáticas que pueden establecerse entre los elementos de la realidad, además del acercamiento a la resolución de distintos ejercicios a través de la cooperación con los demás compañeros.
Criterios de evaluación y competencias específicas	Área 2. Descubrimiento y Exploración del Entorno Competencias específicas: 1. Criterios de evaluación: 1.3 Y 1.4. Saberes básicos: A. Diálogo corporal con el entorno. Exploración creativa de objetos, materiales y espacios.
Sesiones	Haremos 4 grupos de 5-6 y el aula estará dividida en varios rincones en los cuales nos llevaremos un tiempo concreto para realizar cada actividad. En cada sesión habrá 12 rincones. Tres rincones por cada grupo, y en cada uno habrá un pequeño reto. **Actividad 1. El Tangram.** Se les explica qué con las figuras del Tangram, deben imitar la figura de la foto que se les irá mostrando. Deben participar todos, ayudarse y dialogar para poder completar la figura correctamente como un buen equipo pirata. **Actividad 2: ¿Cuánto medimos?** Se les presenta a la tripulación del barco pirata, sus nombres, edades y cuánto miden, pero se les expresa con otras medidas que no son metros o centímetros; por ejemplo: Me llamo Manuel, soy tripulante del barco pirata, tengo 7 años y mido 7 balones de fútbol de alto. Se acompaña esta explicación con un dibujo. Se les pedirá que si quieren formar parte de la tripulación tienen que medir otros objetos y apuntarlos en la lista pirata que se les dará. Se medirán con manos, pies y con otro material que ellos quieran, por ejemplo: balones. **Actividad 3: Cocinamos una pizza** Cocinar una pizza: tienen dos masas y las recetas con las instrucciones que deben seguir además de los ingredientes necesarios. Por ejemplo, una receta sería: 1 de tomate, 1 de queso, 3+4+3 de pepperoni, 5+4 de jamón york, 4+2+1+2 de cebolla. Entre todos tienen que ayudarse para realizar las operaciones. Pueden ayudarse con los dedos. Un compañero pone 4 dedos, otro 2 y otro 1; y otro quita los 2 dedos de un compañero. Cuentan entre todos y ahí obtenemos cuánto de cebolla tenemos que ponerle a nuestra pizza. Ya solo queda coger los ingredientes exactos y echarla en la pizza.
Recursos	Actividad 1: Piezas tangram plastificadas, fotos de las figuras que hay que realizar. Actividad 2: Balones. Actividad 3: Recortes de diferentes alimentos para la pizza.

	Psicomotricidad: ¡Mira cómo nos movemos!
Justificación	En esta situación de aprendizaje, se pretende que el alumnado adquiera los conocimientos y actitudes necesarias para utilizar en su vida cotidiana, así como el desarrollo de sus movimientos y el lenguaje corporal.
Criterios de evaluación y competencias específicas	Área 1. Comp. Esp. 1. Cri. de eval.: 1.1, 1.2, 1.3 y 1.4 Comp. Esp. 4. Cri. de eva.: 4.1, 4.2 y 4.3 Área 3. Comp. Esp. 3. Cri. de eva.: 3.6. Saberes básicos: Área 1. Crecimiento en Armonía: A. El cuerpo y el control progresivo del mismo. C. Hábitos de vida saludable para el autocuidado y el cuidado del entorno. Área 3. Comunicación y Representación de la Realidad: H. El lenguaje y la expresión corporal.
Sesiones	Para esta sesión, se realizarán una serie de actividades de psicomotricidad para desarrollar los diferentes movimientos de nuestro alumnado. Para ello, utilizaremos estrategias cooperativas en las que haremos grupos de 5 niños y niñas. Todas las actividades, se realizarán en el aula de psicomotricidad.
	Actividad 1. Among us pirata Repartiremos a cada niño una carta boca abajo para que sepan el rol que les ha tocado. Uno de ellos será capitán (el jefe del barco) y el resto serán grumetes (aprendiz de pirata que ayuda en las tareas del barco). Una vez que conocen su rol, utilizaremos el baúl de los disfraces y deberán disfrazarse según su personaje. Los grumetes disponen de 6 misiones que consisten en retos físicos que se encontraran en el aula de psicomotricidad y escritas en un papel con un dibujo (método TEACCH). Las misiones serán: correr durante 30´´, 3 volteretas, saltar dentro de los aros, botar con la pelota, saltar a la pata coja durante 10´´. Y lanzar la pelota hacia arriba. Cuando consigan todos los retos, el capitán puede eliminar al grumete guiñandole el ojo y diciéndole al oído "eliminado", el capitán no deberá ser descubierto. **Actividad 2. COLPBOL** Para realizar la psicomotricidad de forma inclusiva, llevaremos a cabo ejercicios con globo. Golpearemos el globo de manera libre, utilizando una variante, utilizando diferentes partes del cuerpo. • Golpeo y añado acción motriz: saltos, giros, sentadillas… • Trabajo individual dinámico, por medio de carreras de velocidad hacia adelante, atrás, pata coja… • Trabajo cooperativo estático: pases sin que caiga con diferentes partes del cuerpo. • Trabajo cooperativo dinámico: relevos. Les diremos que tendrán que llevar el tesoro del barco pirata a la meta. • En los relevos, les diremos que tendrán que llevar el tesoro del barco pirata a la meta.

Recursos	Actividad 1: cartas Among us Pirata, colchonetas, aros y pelotas. Actividad 2: globos.

	Música: ¡Mi cuerpo es un instrumento!	
Justificación	Descubriremos dónde podemos encontrar a nuestra amiga Música en nuestro cuerpo mediante canciones, juegos y experiencias. Con esta dinámica pretendemos que el alumnado se dé cuenta de que cada uno y una llevan consigo, en su corazón, la música.	
Criterios de evaluación y competencias específicas	Área 3. Comunicación y Representación de la Realidad. Comp. esp. 3. Criterios de evaluación: 3.2, 3.4, 3.5, 3.6 y 3.7 Saberes básicos: F. El lenguaje y la expresión musical.	
Sesiones		En la situación de aprendizaje de música realizaremos 5 actividades grupales divididas en dos sesiones.
	1	Actividad 1. La música de mi corazón Para esta actividad nos sentaremos todos en el suelo formando un círculo, pondremos las manos en nuestro pecho y cerraremos los ojos. Le preguntaremos qué están sintiendo, que es eso que están escuchando, explicaremos que nuestro corazón está marcando un pulso. Empezaremos a experimentar con el pulso del corazón, para ello pondremos diferentes canciones y ellos/as se irán moviendo a compás. Tras dejar un momento para que cada niño y niña experimente, haremos una reflexión sobre qué ha pasado con su pulso, si ha ido aumentando, qué ha pasado cuando hemos corrido, etc. Actividad 2. Mi instrumento Esta actividad será de exploración de su cuerpo. Dejaremos a los alumnos/as tiempo para que piensen y exploren por ellos mismos/as sobre cómo pueden convertir su cuerpo en un instrumento. Algunos Ejemplos son: dar palmadas, saltos, chasquidos, pisotones, etc.
	2	Actividad 3. Director de Orquesta Para esta actividad uno alumno/a será el/la director/a de orquesta (se irá turnando), tocará diferentes instrumentos (como el pandero o el triángulo) y el resto de los compañeros/as tendrán que imitar el pulso con palmadas y luego caminando. Para terminar, realizaremos un concierto utilizando solo sonidos de nuestro cuerpo.

	Expresión: ¡Expresémonos libremente!
Justificación	Esta situación fomenta la expresión oral con el alumnado. Se trabajarán diversos temas con el fin de que los discentes consigan expresarse de una manera adecuada y segura.
Criterios de evaluación y competencias específicas	Área 3. Comunicación y Representación de la Realidad. Comp. Esp. 3. Criterios de evaluación: 3.2 y 3.3 Saberes básicos: c. Adquirir progresivamente autonomía en sus actividades habituales/ f. Desarrolla habilidades comunicativas en diferentes lenguajes y formas de expresión.
Sesiones	El comienzo de esta sesión será con una conversación con Miko, nuestra mascota. Miko comenzará a contar cómo era él de pequeño haciendo hincapié en lo tímido que solía ser y lo poco que le gustaba hablar en público, asegurando que, con el tiempo, esa faceta suya acabó y ahora es un loro muy charlatán y divertido. Por eso, daremos importancia y nos centraremos en la expresión oral.
	1 — **Actividad 1. Describimos a Miko.** Tras ayudar a Miko a superar numerosas pruebas, el alumnado se deberá de fijar en él. Le facilitaremos la tarea con una imagen del personaje o con la marioneta que utilizamos en clase, para que así lo vean y les resulte más sencillo. El docente hará preguntas tales como: ¿De qué colores tiene Miko su plumaje?, ¿Qué tiene Miko, boca o pico?, ¿Cómo era Miko cuando era pequeño?, ¿Cómo es Miko ahora?, ¿De qué color tiene los ojos Miko?, Describe el gorro de Miko y ¿Dónde se encuentra Miko en la foto que os he puesto en la pantalla digital? **Actividad 2: Trabalenguas para Miko.** Primero, le enseñaremos al alumnado la lámina del trabalenguas. Tras esto, ellos deben describir que ven. Entre todos los niños y niñas se leerá el trabalenguas y después lo diremos todos a la vez, al unísono. Para finalizar la actividad, se le puede pedir a los niños que repitan el trabalenguas individualmente.
	2 — **Actividad 3: Narradores de nuestra propia historia.** En esta actividad el alumnado tendrá que crear una historia. Puede hacerlo de las siguientes maneras: puede cambiar la trama o el final a una historia o cuento que le apasione, puede pensar una historia de la temática que quiera, puede pensar una historia con una temática que elija el docente; una historia que vivió y la quiere transmitir a sus compañeros. Cada uno elegirá qué hacer libremente. Le dejaremos un tiempo para que piensen y tras esto, cada alumno o alumna, individualmente contará su historia a los demás compañeros.
Recursos	Actividad 1: Fotografía de Miko. Actividad 2: Trabalenguas.

PROPUESTA DE ACTIVIDADES DUA

Situación de aprendizaje	
Actividad original	**Adaptación**
¿Qué emoción soy?	La actividad se expondrá igual para todo el alumnado. Tras finalizar, a Carlos se le reforzarán los contenidos de manera individual. Se utilizará una tarjeta en tamaño A· en la que aparecerán diferentes caras y cada una de ellas expresa una emoción. El docente le dirá a Carlos que señale cual de esos es un niño asustado.
Adivinanzas piratas	El alumnado sin NEE realizará la actividad individualmente en la pizarra. Carlos realizará la actividad al igual que sus compañeros en la pizarra, pero con la ayuda de las adivinanzas con pictogramas siendo esta un gran apoyo para él. Estos serán sencillos y fáciles de comprender por lo que el alumno se podrá apoyar en ellos para superar el juego.
"Cada carta con objeto pirata"	Carlos comenzará la actividad con un número de cartas más reducido que el de sus compañeros. Así le será más sencillo e irá familiarizándose con los objetos de las cartas.

ELECCIÓN DE VÍDEOS Y ARTÍCULOS RELEVANTES

Trastorno del Espectro Autista (TEA) en la educación	https://observatorio.tec.mx/edu-news/trastorno-del-espectro-autista-tea- educacion/ Este artículo nos ha sido de gran importancia para la realización del proyecto pues explica diferentes aspectos como son la explicación de dicho trastorno y sus características, por qué son un reto estos alumnos para el sistema educativo y cómo trabajar con ellos dando pautas y consejos. Todo explicado de manera clara y concisa, lo cual ha hecho complementar y entender bien la información sobre los conocimientos que ya se habían explicado en clase.
Qué son y cómo diseñar situaciones de aprendizaje	https://www.educaciontrespuntocero.com/recursos/disenar-situaciones- de-aprendizaje/ El artículo de Víctor Arufe nos ha servido de gran ayuda para elaborar nuestras situaciones de aprendizaje, ya que explica con gran detalle en qué consisten y todos los elementos que deben de integrar para que sean completas. Con la nueva Ley Educativa, LOMLOE, había diferentes interpretaciones al respecto y este artículo, junto con las explicaciones de clase, muestra de una manera muy sencilla cómo debe de ser su diseño y contenido.

El diseño universal para el aprendizaje (DUA)	https://www.laopiniondemurcia.es/pequeopi/2022/11/08/diseno-universal- aprendizaje-dua-78255127.html Tras la lectura de este artículo, hemos descubierto la importancia que tiene el DUA para la práctica educativa. Pretende que la educación sea accesible para cualquier alumno/a y eliminar aquellas barreras que dificultan el aprendizaje. Trata de conseguir que el alumnado que presente algún tipo de dificultad y tenga una barrera cognitiva, pueda comprender mejor la información igual que el resto de sus compañeros. Su objetivo es utilizar una diversidad de elementos, estrategias y recursos para poder atender a todo el alumnado, combinando enseñanza tradicional junto con otras fórmulas que enriquezcan el proceso de enseñanza- aprendizaje.
Neuroeducación: Una propuesta pedagógica para Educación Infantil	https://dialnet.unirioja.es/servlet/articulo?codigo=7385990 Una vez conocida de manera más cercana que es la neuroeducación, es primordial indagar acerca de ello. De este modo, el artículo mostrado se centra en un estudio. El propósito del estudio fue demostrar la importancia de la neuroeducación como estrategia didáctica en la educación infantil. Este es un estudio bibliográfico cualitativo que se enfoca en el análisis documental como un método de recopilación de datos para desarrollar recomendaciones de instrucción basadas en la neurociencia.
Metodologías activas: ¿hacen de la escuela un lugar mejor?	https://www.magisnet.com/2021/09/metodologias-activas-hacen-de-la-escuela-un- lugar-mejor/ El aprendizaje activo significa estar activo cognitivamente, porque aprendemos aquello sobre lo que pensamos. En este artículo, se señala la importancia que tiene la combinación de metodologías activas y tradicionales para aprovechar las ventajas que ofrecen ambas, con la posibilidad de utilizarlas en nuestras aulas, ya que son complementarias y necesarias para la enseñanza. Por último, destaca el impacto que tiene la gamificación, aula invertida y ABP en nuestro alumnado, para así favorecer su autonomía y aprendizaje
Realidad, mitos y retos del autismo	https://www.youtube.com/watch?v=0JcUmM63rPI La psicóloga especialista en personas con Asperger, Diana Bohórquez, y Melisa es autora del libro "Tener un hijo con autismo" analizan las realidades y los retos a los que hacen frente día a día las familias y las personas con Trastorno del Espectro Autista. En este video se habla sobre los falsos mitos y la necesidad de acabar con ellos.

Álvaro Bilbao: "Entender el cerebro de los niños para educar mejor"	https://youtu.be/pQEAY0nDZ3g

Álvaro Bilbao es un neuropsicólogo, psicoterapeuta, doctor en psicología y formador en disciplina positiva y escritor. Este afirma que conocer el funcionamiento del cerebro nos ayuda tanto a profesores como a padres a educar mejor a los niños y niñas. Es muy importante disponer de las herramientas necesarias que nos aporten estrategias de intervención en el alumnado y se ajusten a sus necesidades y características. |
| **Chema Lázaro: Cómo aplicar la neuroeducación en el aula** | https://www.youtube.com/watch?v=Yjm8hXJtdSY&t=311s

Chema Lázaro nos explica de qué manera se puede aplicar la neuroeducación en las aulas. Nos introduce en el mundo de la neurodidáctica, centrándose en lo que podemos trabajar, en qué momento concreto del neurodesarrollo lo podemos hacer, etc. En el ámbito educativo, entender el cerebro debe ir acompañado de una buena conexión a nivel pedagógico y didáctico. Por último, habla de la importancia de generar vínculos emocionales con nuestro alumnado, ya que cuanto mayor sea el impacto emocional que tienen en sus aprendizajes, mejor se almacena en la memoria a largo plazo. |
| **Francisco Mora, doctor en Neurociencia, "Somos lo que la educación hace de nosotros"** | V. Completa. "Somos lo que la educación hace de nosotros". Francisco Mora, doctor en Neurociencia

Con la frase: "El maestro es la joya de la corona de un país", comienza Francisco Mora este video. Explica la importancia que tiene el cerebro en la educación y en el aprendizaje de las personas, así como aporta herramientas para motivar a los alumnos. Es un video muy ameno ya que cada cierto tiempo, rompe la explicación contando una anécdota graciosa. Una frase que me ha llamado la atención ha sido: "Intentar enseñar sin conocer cómo funciona el cerebro será algo así como diseñar un guante sin nunca antes haber visto una mano". |
| **El cerebro, nuestro mejor aliado contra el estrés. Marian Rojas Estapé, psiquiatra y escritora** | El cerebro, nuestro mejor aliado contra el estrés. Marian Rojas-Estapé, psiquiatra y escritora

Marian Rojas-Estapé nos describe cómo entender el funcionamiento de nuestro cerebro y organismo nos facilita vivir una vida más consciente, y resolver de manera saludable las emociones y el estrés mediante técnicas como la meditación, la respiración o el deporte. |

REFERENCIAS BIBLIOGRÁFICAS Y ESPECÍFICAS

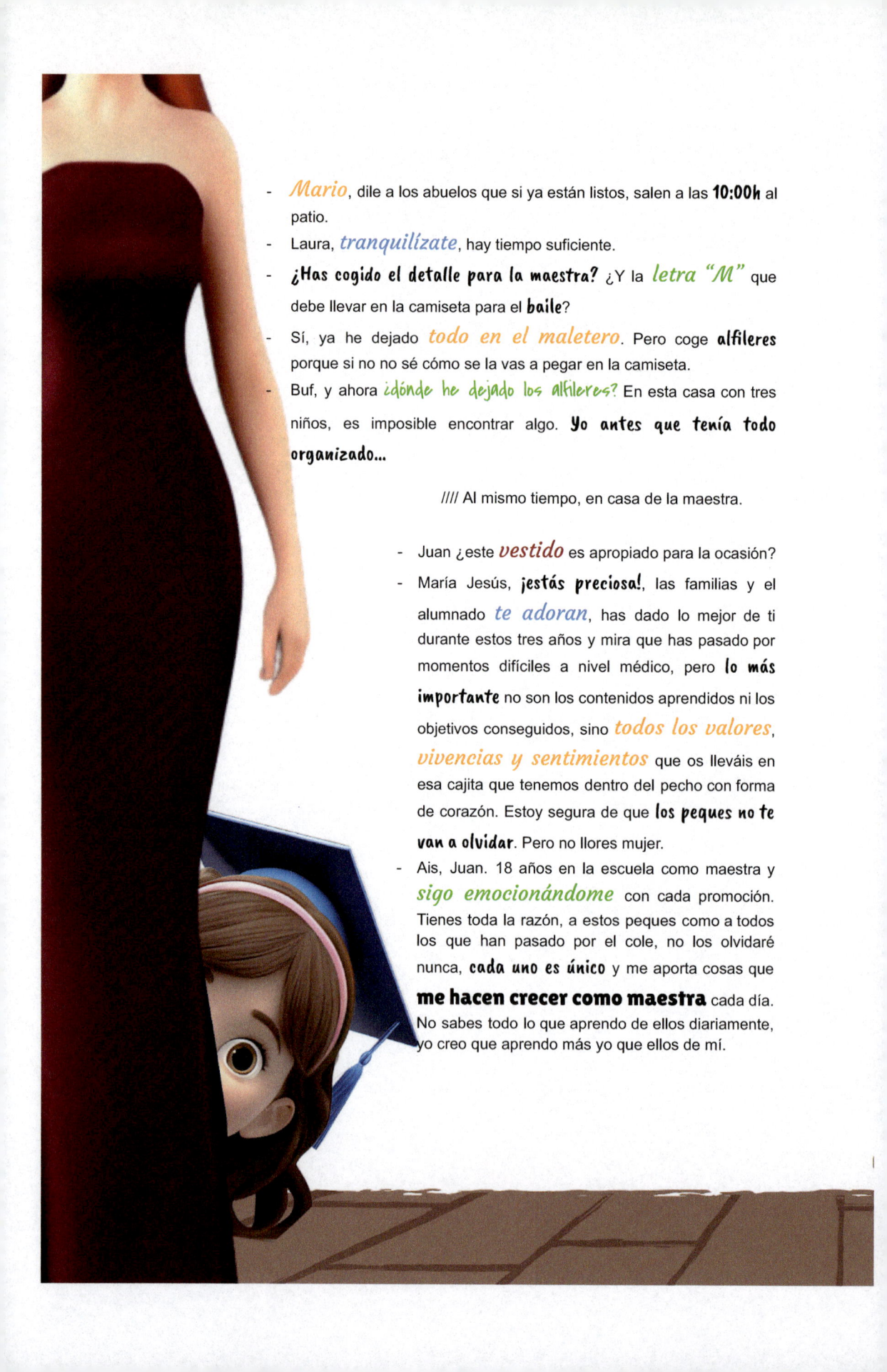

- *Mario*, dile a los abuelos que si ya están listos, salen a las **10:00h** al patio.
- Laura, *tranquilízate*, hay tiempo suficiente.
- **¿Has cogido el detalle para la maestra?** ¿Y la *letra "M"* que debe llevar en la camiseta para el **baile**?
- Sí, ya he dejado *todo en el maletero*. Pero coge **alfileres** porque si no no sé cómo se la vas a pegar en la camiseta.
- Buf, y ahora *¿dónde he dejado los alfileres?* En esta casa con tres niños, es imposible encontrar algo. **Yo antes que tenía todo organizado...**

//// Al mismo tiempo, en casa de la maestra.

- Juan ¿este *vestido* es apropiado para la ocasión?
- María Jesús, **¡estás preciosa!**, las familias y el alumnado *te adoran*, has dado lo mejor de ti durante estos tres años y mira que has pasado por momentos difíciles a nivel médico, pero **lo más importante** no son los contenidos aprendidos ni los objetivos conseguidos, sino *todos los valores, vivencias y sentimientos* que os lleváis en esa cajita que tenemos dentro del pecho con forma de corazón. Estoy segura de que **los peques no te van a olvidar**. Pero no llores mujer.
- Ais, Juan. 18 años en la escuela como maestra y *sigo emocionándome* con cada promoción. Tienes toda la razón, a estos peques como a todos los que han pasado por el cole, no los olvidaré nunca, **cada uno es único** y me aporta cosas que **me hacen crecer como maestra** cada día. No sabes todo lo que aprendo de ellos diariamente, yo creo que aprendo más yo que ellos de mí.

Padres, madres, abuelos, abuelas, familias, id colocándoos en las sillas dispuestas para vosotros. El *festival* comenzará en diez minutos, rogamos que silencien los teléfonos móviles y que *disfruten del espectáculo*.

Mara, Celia, Ángel, Lidia, José, Jaime, Marina, Miguel Ángel, Emi, Tania, Zaida, Antonio, Loren, Natalia, Noelia, María, Yasmina, Dani, Borja, Cristina, Carlos, Raúl, Carla, Amelia, Mario.

Un *aplauso enorme* para estos chicos y chicas que **iniciaron el camino** hace tres años y hoy acaba su etapa de *Educación Infantil*.

Buenos días, papás y mamás... Hoy es un **día importante** para vuestros hijos e hijas, que **terminan una** *MARAVILLOSA* **etapa** de su vida: su Educación Infantil.

Los trajimos al cole con sólo tres añitos, **eran unos bebés** a los que acabábamos de quitar el pañal y el chupete, hablando con su lengua de trapo. *Tres años* desde que entraron por la puerta con **sus llantos y vuestros miedos**, con sus *miradas ilusionadas* por descubrir algo nuevo y con vuestras *inquietudes* por dejarlos en manos extrañas, con sus travesuras y vuestras esperanzas puestas en el colegio y en los profesores.

Esperemos que no os hayamos defraudado.

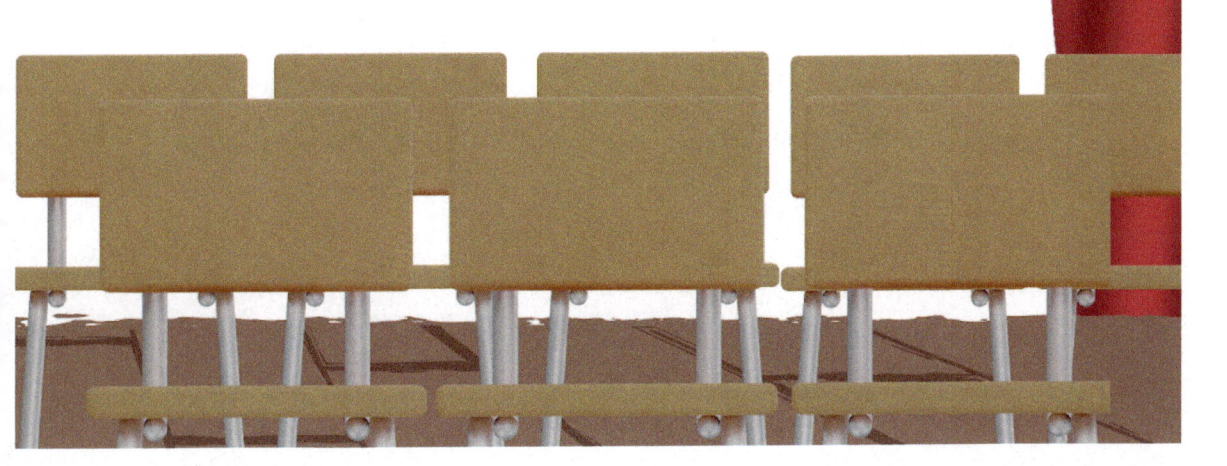

EN LOS ZAPATOS DE FRIDA

Paula Alegre Jiménez, Tamara Bou Mahiques, María Carvajal Navarro, Sara Corts Aparicio, Evelyn Jiménez Encinas, Paula Molino Orts, Elena Moreno Pérez, Aina Serra Verger

EN LOS ZAPATOS DE FRIDA

"Sin emoción no hay curiosidad, no hay atención, no hay aprendizaje, no hay memoria". Francisco Mora.

Autoras:

Paula Alegre Jiménez, Tamara Bou Mahiques, María Carvajal Navarro, Sara Corts Aparicio, Evelyn Jiménez Encinas, Paula Molino Orts, Elena Moreno Pérez, Aina Serra Verger.

CONTEXTO

DEL CENTRO

Junto a zonas verdes y espacios abiertos.
Bien comunicado.
Nivel sociocultural de las familias medio.
Escolarización de un 10% de alumnos inmigrantes.
Plan lingüístico del centro: PEPLI

DEL AULA

El aula de 5 años se encuentra en la 1ª Planta del Pabellón principal en el ala sur.
Dispone de pizarra digital, pizarra tradicional, proyector y diferentes rincones.

DEL ALUMNADO

El grupo-clase consta de 19 alumnos de 5 años.
Presencia de un alumno con Trastorno del Espectro Autista.
Alumnos con situación social desfavorecida, tardía escolarización y faltas de asistencia de manera continuada.

¿QUÉ ES LA ESTRATEGIA CAME? TE LO CONTAMOS:

Esta estrategia nos ayudará como docentes a definir las líneas estratégicas de acción aportándonos multitud de ideas para definir las acciones específicas que integramos y se tienen en cuenta en nuestra propuesta educativa. Se compone de:

	DAFO		CAME
DEBILIDADES	<ul><li>Profesorado muy cargado de trabajo.</li><li>Falta de herramientas y recursos.</li><li>Poca coordinación entre Infantil y Primaria.</li><li>Poca experiencia.</li></ul>	**CORREGIR**	<ul><li>No delegar tanta burocracia por parte de las Administraciones.</li><li>Proporcionar más herramientas y recursos.</li><li>Acatar el Plan de Transición de I-P, para una mayor coordinación.</li><li>Realización de cursos de formación.</li></ul>
FORTALEZAS	<ul><li>Implantación de las TIC en el aula.</li><li>Cultura de trabajo en equipo.</li><li>Innovación educativa.</li><li>Enfoque favorable a la inclusión.</li><li>Motivación.</li></ul>	**AFRONTAR**	<ul><li>Creación de situaciones de aprendizaje a través de las TIC.</li><li>Fomentar la cooperación.</li><li>Formación en metodologías activas.</li><li>Atender las necesidades del alumnado.</li><li>Fomentar el interés del alumnado.</li></ul>
AMENAZAS	<ul><li>Escasa participación de las familias en las actividades del centro.</li><li>Continuos cambios de legislación.</li><li>Exceso de burocracia por parte de la Administración.</li><li>Construcción de un nuevo colegio al lado.</li></ul>	**MANTENER**	<ul><li>Realización de dinámicas para involucrar a las familias en el día a día del centro.</li><li>Estar al día de los constantes cambios legislativos.</li><li>Establecer periodos de tiempo dentro de la jornada continua.</li><li>Realizar jornadas de puertas abiertas para conocer el centro.</li></ul>

OPORTUNIDADES	• Cooperación con agentes externos (Ayuntamiento, asociaciones, etc.) • Aprovechamiento de las zonas verdes próximas al colegio. • Recursos y servicios que nos proporciona la ciudad.	EXPLOTAR	• Beneficiarnos de las aportaciones de las diferentes entidades externas al centro. • Ver las zonas verdes como un espacio de aprendizaje. • Aprovechar las oportunidades que nos ofrece el entorno.

¿CUÁLES SON LOS OBJETIVOS DE NUESTRO PROYECTO?

- Optimizar los procesos de enseñanza-aprendizaje
- Comprender cómo funciona el sistema nervioso
- Desarrollar la memoria de trabajo
- Fomentar la capacidad de generar objetivos y desarrollar planes de acción
- Razonar sobre la vida a través de los cuentos

- Desarrollar el pensamiento crítico
- Despertar la flexibilidad cognitiva
- Desarrollar la capacidad de ignorar impulsos
- Fomentar el aprendizaje sensoriomotor
- Promover la atenci
- ón, la emoción y la empatía
- Atender a la diversidad de forma inclusiva

COMPETENCIAS CLAVE Y MÁS…

La etapa de Educación Infantil supone el inicio del proceso de adquisición de las competencias clave, establecidas en *la Ley Orgánica 3/2020, de 29 de diciembre, por la que se modifica la Ley Orgánica 2/2006, de 3 de mayo, de Educación, el Real Decreto 95/2022, de 1 de febrero, por el que se establece la ordenación y las enseñanzas mínimas de la Educación Infantil y el Decreto 100/2022, de 29 de julio, del Consell, por el cual se establece la ordenación y el currículo de EI*, más concretamente para la CV. Dichas competencias se trabajan de la siguiente manera:

Competencia en Comunicación Linguística	Competencia matemática y competencia en ciencia, tecnología e ingeniería	Competencia personal, social y de aprender a aprender	Competencia en conciencia y expresión culturales
En Educación Infantil se considera fundamental fomentar los intercambios comunicativos respetuosos con otros niños y niñas y con las personas adultas. Es por ello que son numerosas las situaciones en las que se promueve la aparición de expresiones de creciente complejidad en el presente proyecto, favoreciendo así que determinados conocimientos, destrezas y actitudes se vayan adquiriendo	Los niños y las niñas se inician en las destrezas lógico-matemáticas y dan los primeros pasos hacia el pensamiento científico a través del juego, la manipulación y la experimentación. En el presente proyecto se invita a observar, clasificar, cuantificar, construir, hacerse preguntas, probar y comprobar, para entender y explicar algunos fenómenos	En nuestro proyecto Neuroeducativo se pretende que los niños y niñas se inicien en el reconocimiento expresión facial y gestión progresiva de sus propias emociones y sentimientos, así como que avancen en la identificación y comprensión de las emociones y sentimientos de los demás	En nuestro proyecto, los niños y niñas trabajan distintas formas de expresión (oral, corporal, plástica, etc.) a través de las cuales comunican ideas, conocimientos, etc. Esto les permite ir construyendo su propia identidad. Además, la expresión cultural está muy presente en nuestro proyecto mediante la búsqueda de información y la realización de varias propuestas de aprendizaje sobre México

Por lo que se refiere a las competencias específicas, saberes básicos y criterios de evaluación establecidos en el Real Decreto 95/2022 ya nombrado, organiza la etapa de Educación Infantil en tres áreas: **Crecimiento en Armonía; Descubrimiento y Exploración del Entorno, y Comunicación y Representación de la Realidad.** Estas tres áreas contribuyen al desarrollo de todas las competencias clave, así como a la consecución de los objetivos de la etapa. Además, en cada área se proponen unas *competencias específicas*, así como unos *criterios de evaluación* y unos *saberes básicos* que los niños y las niñas deben adquirir al finalizar cada ciclo.

A continuación un ejemplo de muestra para propuesta metodológica:

Áreas	Competencias específicas	Saberes básicos	Criterios de evaluación
Área 1: Crecimiento en armonía	Reconocer, manifestar y regular progresivamente sus emociones, expresando necesidades y sentimientos para lograr el bienestar emocional y seguridad afectiva.	• El cuerpo y el control progresivo del mismo • Desarrollo y equilibrio afectivos • Interacción socioemocional en el entorno. La vida junto a los demás	• Identificar y expresar sus necesidades y sentimientos, ajustando progresivamente el control de sus emociones. • Ofrecer y pedir ayuda en situaciones cotidianas.
Área 2: Descubrimiento y exploración del entorno	Identificar las características de materiales, objetos y colecciones y establecer relaciones entre ellos, mediante la exploración, la manipulación sensorial, el manejo de herramientas sencillas y el desarrollo de destrezas lógico matemáticas.	• Diálogo corporal con el entorno. Exploración creativa de objetos, materiales y espacios • Experimentación en el entorno. Curiosidad, pensamiento científico y creatividad • Indagación en el medio físico y natural. Cuidado, valoración y respeto.	• Establecer distintas relaciones entre los objetos a partir de sus cualidades. • Emplear los cuantificadores básicos más significativos. • Identificar las situaciones cotidianas en las que es preciso medir.
Área 3: Comunicación y representación de la realidad	• Manifestar interés por interactuar en situaciones cotidianas a través de la exploración y el uso de su repertorio comunicativo. • Valorar la diversidad lingüística presente en su entorno, así como otras manifestaciones culturales, para enriquecer sus estrategias comunicativas y su bagaje cultural.	• Intención e interacción comunicactivas. • Comunicación verbal oral: expresión, comprensión y diálogo. • El lenguaje y la expresión musical. • El lenguaje y la expresión plásticos y visuales. • El lenguaje y la expresión corporal.	• Participar de manera activa, espontánea y respetuosa con las diferencias individuales. • Relacionarse de forma respetuosa con la pluralidad lingüística y cultural de su entorno. • Expresar emociones, ideas y pensamientos a través de manifestaciones artísticas y culturales.

¿QUIERES SABER ALGO MÁS SOBRE ESTE PROYECTO? PRINCIPIOS, METODOLOGÍA Y DUA.

Los principios metodológicos relacionados con este proyecto, así como algunas ideas metodológicas se nombran a continuación:

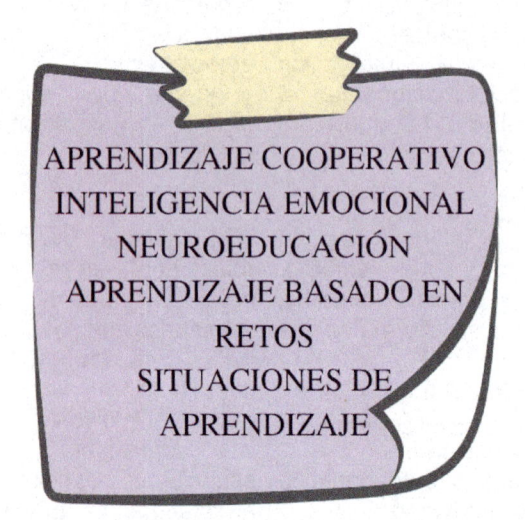

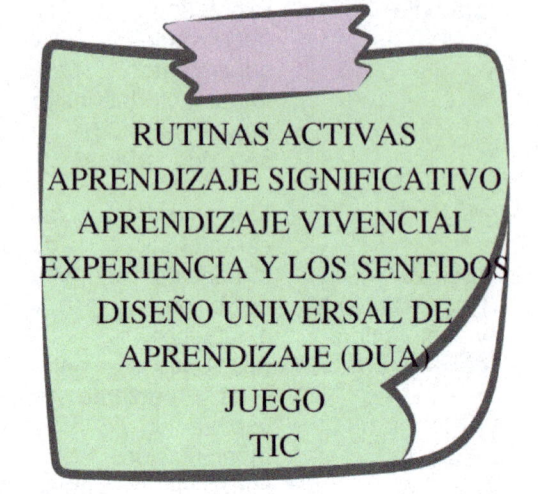

APRENDIZAJE COOPERATIVO
INTELIGENCIA EMOCIONAL
NEUROEDUCACIÓN
APRENDIZAJE BASADO EN RETOS
SITUACIONES DE APRENDIZAJE

RUTINAS ACTIVAS
APRENDIZAJE SIGNIFICATIVO
APRENDIZAJE VIVENCIAL
EXPERIENCIA Y LOS SENTIDOS
DISEÑO UNIVERSAL DE APRENDIZAJE (DUA)
JUEGO
TIC

Respecto a la metodología, con el alumno TEA se trabaja siguiendo la metodología TEACCH. Todas las sesiones/actividades serán anticipadas al principio del día a través de su horario visual. Cada actividad está adaptada para que el alumno TEA la pueda realizar de forma autónoma. Además, con el empleo de ilustraciones, pictogramas e historias sociales ayudarán a un mejor entendimiento de la actividad para todo el alumnado. Se le informará diariamente de la nueva organización que adquirirá el aula con la creación del museo de Frida Kahlo.

A continuación, se muestra el ejemplo de una historia social la cual emplearemos para anticipar al alumno TEA que en una de las sesiones los padres vendrán al colegio para visitar el museo que se ha creado:

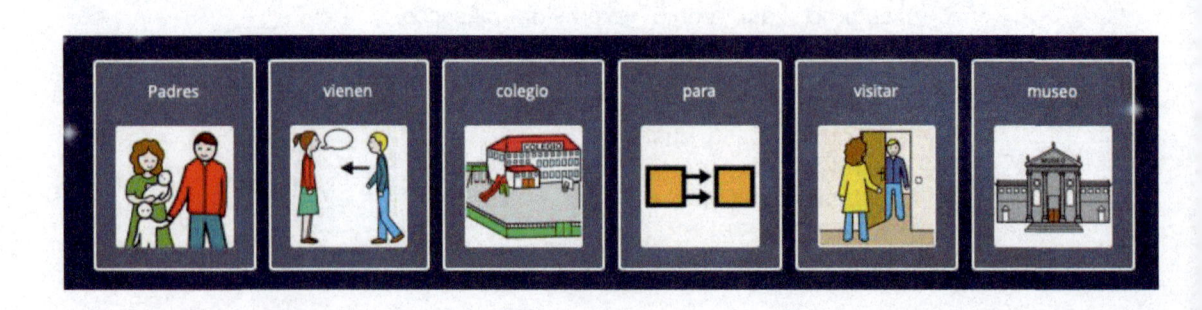

DISEÑO UNIVERSAL DE APRENDIZAJE

¿DUA?

Modelo de enseñanza que tiene en cuenta la diversidad del alumnado.

Donde su objetivo es la inclusión y la eliminación de las barreras físicas, sensoriales, cognitivas y culturales.

Principios del DUA

Diferentes formas de Implicación (el porqué del aprendizaje)

Multiples medios de representación (el qué del aprendizaje)

Multiples medios de Acción y Expresión (el cómo del aprendizaje)

Metodología TEACH para el alumno con TEA. Las sesiones serán anticipadas con horario visual, empleo de ilustraciones, historias sociales, pictogramas, etc.

Favorece la igualdad de oportunidades en el alumnado

Inclusión

Grupos interactivos

Aprendizaje por descubrimiento

Centros de interés

Agrupamientos diversos

Tutoria entre iguales

Ofrecer altertanivas

+

Dar a elegir

Decreto 104/2018, de 27 de Julio
Orden 20/2019, de 30 de abril
Resolución de 23 de diciembre de 2021

SITUACIONES DE APRENDIZAJE: "PIENSA QUE VAS A EMOCIÓN-ARTE".

La finalidad principal de nuestra propuesta metodológica será investigar sobre la vida de Frida Kahlo. Así, mediante la obtención de información sobre qué conocen los niños respecto algunas de las obras de esta artista, su vida y emociones expresadas en sus cuadros, permitirá que éstos comparen y expresen qué sienten al observar dichas obras, y de esta manera, a empatizar y a ofrecer opiniones desde el contexto social en el que se desenvuelven. Compartir momentos con la familia a través de la búsqueda de información e *investigación*, permitirá el *acercamiento familia- infantes* estrechando aún más determinadas relaciones.

Por lo que respecta a trabajar la filosofía, se llevará a cabo mediante la lectura de cuentos que permitirá a los infantes reconocer, *mostrar y gestionar emociones y sentimientos, experiencias de vida, conflictos, frustraciones, necesidades*...que llevarán al diálogo, a la reflexión, a la comparación de dichas vivencias con la de los demás y de la propia artista, y de esta manera conocer estrategias y saber afrontarlas en la vida real.

Iniciamos esta propuesta con un bonito poema que Mahatma Gandhi había escrito con el propósito de ofrecer siempre, como maestras, unos valores esenciales para el desarrollo del infante, para la preparación a la vida, y terminamos con la idea, de que esos valores, se aferrarán a sus corazones consiguiendo convertirse en grandes pensadores emocionales y con grandes dotes. "Porque la enseñanza que era huella no es la que se hace de cabeza a cabeza, sino de corazón a corazón." (Howard G. Hendrick).

Después de cada sesión de filosofía, de la cual se parte del contexto del grupo- clase, extraeremos la información necesaria y abarcaremos temas influyentes en la vida de estos, para ello tendremos en especial consideración sus necesidades, intereses y motivaciones, promoviendo la expresión de emociones y sentimientos a través de dinámicas que fomentan la expresión plástica, corporal y musical, desarrollando a su vez, la capacidad de participar en la creación de un museo, el de la artista Frida Kahlo y del que se convertirán en los propios protagonistas durante toda la propuesta metodológica.

Y así comienza:

"Si el museo de Frida Kahlo quieres conocer, te invitamos a leer esta creativa propuesta, que tú misma/ podrás hacer..."

MÉXICO Y SUS COLORES

ACTIVIDAD 1

TEMPORALIZACIÓN
1 H Y 20 MIN

MULTIDISCIPLINAR
Se trabajará de manera globalizada.

FUNCIONES EJECUTIVAS
Desarrollar las funciones ejecutivas a través de la expresión de emociones. (Atención, percepción, comprensión, memoria, lenguaje, velocidad de procesamiento, orientación, razonamiento, aprendizaje, praxias, gnosias control ejecutivo.

OBJETIVOS
- Utilizar la música como recurso para mejorar y desarrollar sus capacidades cognitivas a través de la estimulación y mediante un baile mexicano.
- Expresar a través del arte y la música emociones y sentimientos exteriorizando aquello que sienten en el momento y plasmarlo.
- Adquirir la competencia matemática aproximando a los niños a los números mediante la medida de telas para la exposición de nuestro museo con el uso de su cuerpo como recurso.
- Conocer las diferentes culturas, tradiciones, etc., experimentando a través de los sentidos, el diálogo y la reflexión.

DESARROLLO DE LA ACTIVIDAD

México es el país de origen de Frida Kahlo. Un país muy característico por su música, comida y cultura. El aula estará ambientada como una típica plaza de México, donde huela a canela y suenen mariachis, y no hay mariachis sin baile. Así que todos juntos, seguiremos los pasos del video que se proyectará en la pizarra digital para realizar un baile.
(https://www.youtube.com/watch?v=eT5hGD5RTOo)

Después de aprender y disfrutar de un baile típico de México, les enseñaremos varias fotografías en las que se muestran los diferentes colores de México y su representación en diferentes ámbitos, como en las partes de casa, las calles, etc.

¿RECORDÁIS DÓNDE NACIÓ FRIDA KHALO?

Les comentamos que en México utilizan diversos colores para pintar las casas, tejados, artesanía de telas, barro etc. La intención es que los niños/as vayan decorando su propio museo, elaborando su propia decoración. En este caso haremos un taller de decoración de telas para realizar el tejado del museo con telas de los colores de dicho país.

Primero, utilizaremos unas telas tamaño 7 metros de largo por 2 metros de ancho, en las que ya se han pintado rayas para delimitar a los niños que podrán pintar en cada una de ellas y podrán medirla utilizando su cuerpo. Finalmente, les ofreceremos, pinceles, rodillos y pintura acrílica de manos con las que deberán cubrir cada una de las telas.

Deberán decorar con los colores propios de la indumentaria mexicana y de la cultura del arte de México con pinceles y que a través de la expresión emocional y la música podrán dejarse llevar por aquello que la misma les sugiera.

Posteriormente, se utilizarán telas blancas que deberán decorar con pinceles y que a través de la expresión emocional y la música podrán dejarse llevar por aquello que la misma les sugiera. Por último, las dejaremos secar y se colgarán en el aula con cuerdas de una esquina a otra del aula, así, ambientamos un espacio que nos invita a sentir estar en la ciudad de México, la procedencia de Frida Kahlo. Nuestro museo irá cobrando forma y los infantes formarán parte de su creación.

EVALUACIÓN
- Utilizan la música como recurso para desarrollar sus capacidades cognitivas mediante el baile.
- Expresan, a través del arte y la música, sus emociones y sentimientos exteriorizando lo que sienten en el momento.
- Saben utilizar su cuerpo cómo recurso matemático para medir las telas.
- Tienen una actitud positiva para conocer diferentes culturas, tradiciones, etc. a través de la interacción con los demás.

RECURSOS

MATERIALES
telas, pintura acrílica, láminas de las obras dina 4. TIC: reproductor de música, pizarra digital.

PERSONALES
Docente

ORGANIZATIVAS
Aula ambientada con materiales característicos (guirnaldas, canela y música) y se realiza en gran grupo.
Se preparan las telas para que los niños midan éstas con su cuerpo y se utilizan láminas para mostrar la decoración representativa de México.

¿QUIÉN ES FRIDA KHALO?

ACTIVIDAD 2

TEMPORALIZACIÓN
1 H Y 20 MIN

MULTIDISCIPLINAR
Se trabajará de manera globalizada.

FUNCIONES EJECUTIVAS
Desarrollar las funciones ejecutivas a través de la expresión de emociones. (Atención, percepción, comprensión, memoria, lenguaje, velocidad de procesamiento, orientación, razonamiento, aprendizaje, praxias, gnosias control ejecutivo.

OBJETIVOS
- Investigar con las familias a través de la cooperación y participación de ambos fomentando la conciliación para el bienestar emocional.
- Comparar situaciones que la artista sugiere en sus obras y reflexionar sobre la vida de los infantes favoreciendo el pensamiento crítico y la resolución de problemas.
- Desarrollar la atención ante propuestas de sorpresa proporcionándoles herramientas diversas como una carta.

DESARROLLO DE LA ACTIVIDAD

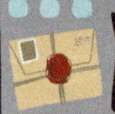

Durante la asamblea, aparecerá un cartero que llevará una carta para cada uno del alumnado. Esta carta solo podrán abrirla con los padres cuando lleguen a casa. El propósito es que los niños/as en compañía de sus familiares, dedicasen tiempo a jugar e investigar quién es Frida y conocieran parte de su vida.

Los padres reciben una carta sobre el proyecto que se va a llevar a cabo en la escuela, sobre las pautas a seguir para la elaboración del trabajo en casa con los niños y las niñas y, además, la necesidad de su participación y colaboración debido al gran interés y motivación que muestran los infantes en este proyecto.

Ésta consta de diferentes preguntas que deben ser investigadas entre todos para descubrir quién es Frida Kahlo, quién es su familia, a qué se dedicaba, qué le ocurrió en su infancia y cómo le ha afectado a su vida hasta el día de su muerte. Además, cuentan con un cuento que cada día deberán llevarse a casa para su lectura y extracción de información llamado Frida.

Se les ofrecen dos semanas previas a la actividad para su preparación.

Conocer la vida de la artista, promueve que los infantes, junto con sus familias, sean capaces de comparar su vida, para posteriormente, puedan reflexionar, dialogar, y establecer relaciones o diferencias en el aula con sus iguales.

Para poder conocer cosas sobre la artista y plasmar aquellas fotografías en relación a la búsqueda, los niños/as cuentan la experiencia en clase, contestan a las preguntas y van surgiendo temas a través de un diálogo que se establece en función de las necesidades de los niños/as. Además, se les facilita unas cartulinas para que, aprovechando el conocimiento de la escritura y con ayuda de sus padres, escriban éstas y plasmen lo que han descubierto.

Posteriormente, el alumnado durante la asamblea explicarán todo aquello que han descubierto, esta se realizará en la dinámica 4.

EVALUACIÓN
- Investigan con las familias a través de la cooperación y participación, fomentando la conciliación para el bienestar emocional.
- Comparan situaciones que la artista sugiere en sus obras y reflexionan sobre la vida de los infantes favoreciendo el pensamiento crítico y la resolución de problemas.
- Desarrolla la atención ante propuestas de sorpresa.

RECURSOS

MATERIALES
Cartas, cuento de la bibliografía de Frida.

PERSONALES
Docente y familia

ORGANIZATIVAS
preparación de las cartas para cada alumno/a y poderlas repartir, así como la elaboración de una carta a los padres con la explicación de la elaboración del trabajo a realizar. Véase Anexo 1.

NOS CONVERTIMOS EN FRIDA KHALO

ACTIVIDAD 3: A DISFRAZARNOS

TEMPORALIZACIÓN
2 H Y 40 MIN

MULTIDISCIPLINAR
Se trabajará de manera globalizada.

OBJETIVOS
- Desarrollar la motricidad fina, la coordinación óculo manual, la atención a través de la confección de la vestimenta de Frida Kahlo.

FUNCIONES EJECUTIVAS
Desarrollar las funciones ejecutivas a través de la expresión de emociones. (Atención, percepción, comprensión, memoria, lenguaje, velocidad de procesamiento, orientación, razonamiento, aprendizaje, praxias, gnosias control ejecutivo.

DESARROLLO DE LA ACTIVIDAD

El reto de esta sesión va a ser que los infantes experimenten y manifiesten sus emociones mediante la elaboración de su propia vestimenta, confeccionando pañuelos y diademas a través de talleres, elementos típicos que caracterizan a la artista. Para ello, dejaremos en el centro del aula un maniquí y un baúl con la ropa y los complementos propios de la protagonista, para que ellos vayan saliendo, uno por uno, y vayan confeccionando su propia Frida Kahlo.

Para la realización de la actividad elaboramos dos talleres previos: el primero de diademas y flores, y el segundo, de pintar pañuelos. Para ambos se presenta una explicación previa para hacer entender a los niños/as que van a convertirse en Frida Kahlo como personaje propio del museo y deben llevar algunas de las cosas que la caracterizaban: una diadema de flores, un pañuelo y su icónico entrecejo.

TALLER DE DIADEMAS DE FLORES

Cortaremos 5 cuadrados, todos del mismo tamaño, en papel de seda y los ponemos uno encima de otro. Doblaremos los cinco cuadrados por la mitad y lo volveremos a doblar de nuevo por la mitad formando un cuadrado más pequeño. Se pondrá la esquina cerrada del cuadrado hacia abajo en la que se dibujarán unas ondas encima para formar la flor. A continuación, se recortan las ondas y una vez recortadas se abrirá la flor.

Seguidamente, se pondrá un dedo en el centro y lo envolveremos con el papel. Para ir terminado, quitaremos el dedo y apretaremos la punta para seguidamente graparla. Finalmente, abrimos la flor despegando las hojas una a una. Esas flores las pegaremos en diademas de tela.

TALLER DE PAÑUELOS DE COLORES

Cortaremos una tela grande en cuadrados pequeños, podremos utilizar de patrón otro pañuelo para cortarlos todos a la misma medida. Después les facilitamos un pañuelo a cada niño o niña y les ofrecemos que decoren el pañuelo como quieran.

En ambos talleres se invita a algunos familiares para que participen en su elaboración. Se les informa mediante una carta para su participación. Anexo 2.

EVALUACIÓN
- Desarrolla la motricidad fina a través de la confección de la vestimenta de Frida.
- Desarrolla la coordinación óculo-manual a través de la confección de la vestimenta de Frida.

MATERIALES
Papel de seda de diferentes colores, diademas, tijeras, pegamento líquido, grapadora, pintura para decorar los pañuelos, trocitos de esponja, pinceles, rodillos, pegamento y flores de tela. Para ambientar la clase utilizaremos un maniquí, un baúl, telas de colores y diversos accesorios.

RECURSOS

PERSONALES
Docente y familia

ORGANIZATIVAS
Se planifica una carta para la participación de las familias en nuestros talleres. Se organizará previamente el material en el aula para desempeñar la actividad así como su explicación previa de la misma.

¡SOMOS FRIDA Y CONTAMOS SU HISTORIA!

ACTIVIDAD 4

TEMPORALIZACIÓN
1 H Y 20 MIN

MULTIDISCIPLINAR
Se trabajará de manera globalizada.

OBJETIVOS
- Promover las competencias sociales a través de la filosofía, el diálogo, compartiendo experiencias y desarrollando la empatía.
- Conocer y compartir experiencias sobre la vida de artistas tales como Frida Kahlo aprendiendo a argumentar, organizar el pensamiento, a través de la comunicación oral.

FUNCIONES EJECUTIVAS
Desarrollar las funciones ejecutivas a través de la expresión de emociones. (Atención, percepción, comprensión, memoria, lenguaje, velocidad de procesamiento, orientación, razonamiento, aprendizaje, praxias, gnosias control ejecutivo.

DESARROLLO DE LA ACTIVIDAD

Comenzamos la actividad siendo los propios protagonistas del museo y ahora nos toca contar la vida de la artista entre todos y a responder a las preguntas que los infantes han estado dedicando tiempo en buscar en casa.
Nuestra aula comienza a parecerse a nuestro propio museo, donde ya disponemos de retratos y obras elaboradas por ellos mismos. Los infantes por parejas o tríos, vestidos con la ropa y los complementos propios de Frida realizados en los anteriores talleres, contestarán a dos de las preguntas planteadas, así, hasta las once que hay, aportando ideas sobre la biografía de Frida Kahlo.

Una vez todos listos, se procederá a comenzar con la clase de Filosofía colocando una vela para que se sientan en un momento o espacio de tranquilidad durante la tertulia.

Para comenzar es necesario que conozcan algunos de los comportamientos y actitudes que deben tener en cuenta durante el momento de hacer filosofía, algunas de ellas son: levantar la mano para hablar, hablar mientras otro compañero habla, piensa antes de hablar lo que quieres decir y escuchar a tus compañeros con atención.
El propósito será que los niños nos cuente la vida de la artista y comentarles que: "Frida pintó en una tela los momentos más tristes y más felices de su vida, y a pesar de estar enferma, de separarse de Diego y ya no poder seguir con compartiendo su vida con él como ella quería, siguió pintando, luchó por estar bien, y por el bien de los demás".
Al hablarles de la lucha por estar bien o por el bien de los demás, se les plantearán preguntas como: ¿Qué es luchar? ¿Y rendirse? Por ejemplo: Si queréis conseguir algo que os importa mucho, ¿vosotros lucháis por conseguirlo? Estas preguntas se irán estableciendo en función de las necesidades de los infantes, pero lo importante de esta dinámica es que hablen de la lucha por aquello que desean conseguir sin rendirse.

Finalmente, les ofreceremos la idea de colgar nuestros trabajos en una mural que ellos mismos pintarán y se decorarán, con el título: "LA VIDA DE FRIDA KAHLO" y de hacernos una foto. De esta forma, poco a poco iremos creando un espacio en el que los niños podrán disfrutar y compartir con otras aulas de infantil todo aquello que ya conocemos sobre la vida de la artista. Además, se grabarán las posibles respuestas para su evaluación y análisis de conclusiones e ideas aportadas.

EVALUACIÓN

- Dialogan y comparten experiencias a través de la filosofía.
- Desarrollan la empatía a través de la filosofía.
- Conocen y comparten experiencias sobre la vida de Frida Kahlo.
- Saben argumentar y organizar el pensamiento a través de la comunicación oral.

MATERIALES
vestimenta elaborada en los talleres, dinA 3 con las preguntas elaboradas, mural con el título de la vida de Frida pintado por los infantes, cámara de fotos, vela

RECURSOS

PERSONALES
Docente

ORGANIZATIVAS
Mural para que cuelguen sus dinA 3 y nos podamos hacer una foto. La actividad la ubicamos en el espacio reservado para los trabajos de Frida.
Para la clase de filosofía se utilizará el uso de normas previas y la relajación para el inicio de la sesión.

¡NOS CONVERTIMOS EN PINTORES!

ACTIVIDAD 4.1.

TEMPORALIZACIÓN
1 H Y 20 MIN

MULTIDISCIPLINAR
Se trabajará de manera globalizada.

OBJETIVOS
- Desarrollar la empatía a través del arte y la música.
- Fomentar la complicidad entre iguales favoreciendo la comunicación.
- Reconocer los rasgos de sus compañeros.

FUNCIONES EJECUTIVAS
Desarrollar las funciones ejecutivas a través de la expresión de emociones. (Atención, percepción, comprensión, memoria, lenguaje, velocidad de procesamiento, orientación, razonamiento, aprendizaje, praxias, gnosias control ejecutivo.

DESARROLLO DE LA ACTIVIDAD

Una vez los niños han llevado a cabo la reflexión y el diálogo sobre la biografía de la artista es momento de expresarlo a través de la plástica. Por tanto, se les explicará antes de comenzar que en esta actividad se convierten en pequeños pintores y para ello, se visten como tal. Para dar inicio a la actividad realizaremos varios talleres.

TALLER 1: ELABORAMOS NUESTRA VESTIMENTA DE PINTORES

Para elaborar la bata, se le facilitará a cada uno de los niños una bolsa de basura blanca en la que con tijeras deberán recortar el cuello y las mangas en forma de semicírculo, para así, puedan sacar cuello y brazos.

TALLER 2: ELABORAMOS NUESTRO GORRO DE PINTOR

Con una tira de cartulina negra a medida de la cabeza de los infantes, 60cm aproximadamente, y un grosor de 20 cm, formaremos un círculo y lo pegaremos con celo hasta formar un círculo completo. Después, con una bolsa negra de basura, recortaremos el fondo de ésta y así, graparemos las puntas a la cartulina. ¡Nuestro gorro estará listo!

Una vez listos para pintar comienza la actividad:

En primer lugar, nos colocaremos por parejas adquiriendo diferentes roles, unos serán los pintores y otros los modelos a pintar. El propósito de la actividad es que realicen retratos de cada uno de ellos/as y se intercambien, primero unos y después otros.

Finalmente, dejaremos secar nuestros retratos y una vez secos los colocaremos en un espacio del aula y nos fotografiaremos.

EVALUACIÓN

- Desarrollan la empatía a través del arte y la música.
- Saben identificar los rasgos de sus compañeros.
- Se mueven en un ambiente de complicidad entre iguales para favorecer la comunicación.

MATERIALES
cartulina negra, bolsas de basura negra y blanca, tijeras, pinturas, folios, celo, etc.

RECURSOS

PERSONALES
Docente

ORGANIZATIVAS
Realizaremos los talleres de forma individual y posteriormente la actividad por parejas, utilizando toda el aula.

FILOSOFÍA EN EL AULA I

ACTIVIDAD 5: Leemos un cuento - Así es mi corazón de Jo Witek

TEMPORALIZACIÓN
1 H Y 20 MIN

MULTIDISCIPLINAR
Se trabajará de manera globalizada.

OBJETIVOS
- Promover retos atendiendo a sus necesidades sociales, emocionales y físicos para la mejora de la cognición.
- Mejorar la capacidad de atención, reconocimiento de sus emociones, y potencia de autocontrol mediante el mindfulness y la lectura de un cuento.
- Favorecer la comprensión, así como el reconocimiento, la expresión y el control de emociones mediante el diálogo y la reflexión del cuento: "Así es mi corazón" y su reflexión mediante la filosofía en el aula.

FUNCIONES EJECUTIVAS
Desarrollar las funciones ejecutivas a través de la expresión de emociones. (Atención, percepción, comprensión, memoria, lenguaje, velocidad de procesamiento, orientación, razonamiento, aprendizaje, praxias, gnosias control ejecutivo.

DESARROLLO DE LA ACTIVIDAD

Para el reto de esta sesión, vamos a empezar la clase entrando en un mundo de relajación. Los niños/as al entrar se van a encontrar el aula en penumbra con una vela encendida proyectada en la pizarra digital y música de meditación de fondo. Les invitaremos a que se sienten en el suelo y, observando la vela, que respiren despacio (utilizaremos la técnica de mindfulness ayudándoles a tomar conciencia de sus emociones y la de los demás, aprendiendo técnicas de autocontrol o resiliencia). Una vez pasados unos minutos, subiremos un poco la luz y empezaremos a hablar de qué creen que es lo que va a ocurrir, recordándoles la última sesión de filosofía.

A continuación, colocamos la vela, recordamos las normas para el debate y ya llega el momento de hacer filosofía.

Empezamos con la lectura de un cuento: "Así es mi corazón", pero de una forma peculiar. La protagonista de esta historia voy a ser yo, colocando fotografías mías de cuando era pequeña en cada imagen de la protagonista del cuento. De esta forma, les explico que voy a contar mi historia, explicando cómo me sentía en diferentes momentos y situaciones de mi vida e invitándoles a que ellos me expongan los suyos, si en algún momento se han sentido así. Les mostraré ¿Qué puede haber dentro de mi corazón? Éste es una casita en la que se esconden todos mis sentimientos, emociones que podían invadirme en cualquier situación de la vida y así compartirlo con ellos y ellas y conocer también qué hay en sus corazones, compartiendo vivencias.
Por ejemplo, ¿Cuándo os sentís alegres? Yo me sentía alegre cuando mi madre o a mi padre cuando volvían de trabajar.
Contando de está forma el cuento, los niños/as van a conocer qué son las emociones, qué tipos hay, etc.

De esta forma, los infantes sacarán sus propias conclusiones sobre algunas cuestiones del cuento y además, podrán expresar, reflexionar, dialogar, contrastar ideas con los demás, pero también, a relacionar dichos temas influyentes en la vida de éstos compartiendo vivencias. Las preguntas no son cerradas sino que irán surgiendo en función de las necesidades, pero además, se grabarán las diferentes respuestas para su evaluación y extracción de conclusiones.

EVALUACIÓN
- Muestran gran capacidad de atención.
- Reconocen sus emociones y saben compararlo con el libro.
- Muestran autocontrol mediante el mindfulness.

MATERIALES
el libro Así es mi corazón - Jo Wiltek, fotografía nuestra de pequeña, vela. TIC: Pizarra digital, música y vídeo de la vela.

RECURSOS
PERSONALES
Docente

ORGANIZATIVAS
preparar e indagar sobre el libro de la actividad. Para el comienzo de la clase de filosofía se utilizará el uso de normas previas y la relajación para el inicio de la sesión, en un espacio del aula acogedor.

FILOSOFÍA EN EL AULA I

ACTIVIDAD 5.1: ¡Dibujamos y expresamos con nuestro cuerpo!

TEMPORALIZACIÓN
1 H Y 20 MIN

MULTIDISCIPLINAR
Se trabajará de manera globalizada.

OBJETIVOS
- Utilizar la música y el movimiento como medio de expresión.
- Conocer a la artista Heather Hansen y aprender a utilizar su técnica, el carboncillo como medio de expresión a través de la expresión corporal, plástica y musical.
- Favorecer experiencias interpersonales e intrapersonales que despierten la motivación y curiosidad por el arte.

FUNCIONES EJECUTIVAS
Desarrollar las funciones ejecutivas a través de la expresión de emociones. (Atención, percepción, comprensión, memoria, lenguaje, velocidad de procesamiento, orientación, razonamiento, aprendizaje, praxias, gnosias control ejecutivo.

DESARROLLO DE LA ACTIVIDAD

Una vez conocemos que existen diferentes emociones, podemos expresar lo que sentimos a través del dibujo, como Frida Kahlo. Les explicamos que a través de su cuerpo pueden expresar lo que sienten. Para hacer sentir a los niños/as estas emociones, se realizará la escucha de diferentes melodías, donde ellos podrán asociar cada canción ofrecida a una manera distinta de expresar una emoción.

Para ello, recopilaremos en un CD una variedad de canciones de todo tipo de música, como por ejemplo, "River Flows In You", "Happy William", Grease, Alaska, etc. También, conoceremos diferentes formas de expresión a través del arte, como la música y bailarina Heather Hansen, que mediante los movimientos de su cuerpo y carboncillos, plasmaba lo que sentía en el momento. Les pondremos un vídeo para que entiendan cómo lo hacía y cómo se dejaba llevar por los ritmos de la música para realizar los movimientos y plasmarlos en una superficie de papel.

Para llevar a cabo esta actividad, reorganizaremos el espacio del aula, retirando las mesas para que haya espacio y colocando en el suelo papel continuo. Se avisará previamente de la necesidad de traer ropa adecuada mediante cata informativa a las familias.
Véase anexo 3.

A continuación, les repartiremos a cada uno de ellos/ellas un carboncillo y pondremos música de fondo y empezaran a sentir y a expresarse. A medida que vayan terminando con ese material, les ofreceremos una alternativa para que sigan creando, como acuarela y pinceles, pintura de manos, esponjas, etc.
Al finalizar la actividad, compartiremos nuestra experiencia, preguntando ¿Qué es lo que más os ha gustado?, ¿Qué habéis sentido mientras estabais realizando la actividad? ¿Os ha gustado?

EVALUACIÓN
- Utilizan la música y el movimiento como medio de expresión.
- Identifican a la artista Heather Hansen.
- Utilizan el carboncillo como medio de expresión a través de la expresión corporal, plástica y musical.
- Muestran motivación e interés por el arte.

MATERIALES
mural, carboncillo, pinturas de colores, vasos de plástico, pinceles...
TIC: reproductor de música, pizarra digital, móvil para la grabación, pendrive con la música...

RECURSOS

PERSONALES
Docente

ORGANIZATIVAS
la colocación del mural la haremos cuando el aula esté despejada puesto que ocupa toda la superficie. Por este motivo, se utilizará todo el espacio para llevar a cabo la actividad.

FILOSOFÍA EN EL AULA II

ACTIVIDAD 6: Otro cuento que contar: La gran fábrica de las palabras de Agnés de Lestrade y Valeria Docampo.

TEMPORALIZACIÓN
1H Y 20 MIN

MULTIDISCIPLINAR
Se trabajará de manera globalizada.

OBJETIVOS
- Estimular la expresión emocional a través de la escucha y lectura de un cuento: "La gran fábrica de palabras", con el fin de resolver problemas y elaborar conclusiones sobre el amor y la amistad.
- Despertar la curiosidad de los infantes a través de un reto para introducir al diálogo sobre el amor y la amistad.
- Desarrollar las funciones ejecutivas a través del diálogo y la reflexión, desarrollando habilidades de autorregulación, planificación, flexibilidad cognitiva, memoria de trabajo, y atención mediante la filosofía y los cuentos.

FUNCIONES EJECUTIVAS
Desarrollar las funciones ejecutivas a través de la expresión de emociones. (Atención, percepción, comprensión, memoria, lenguaje, velocidad de procesamiento, orientación, razonamiento, aprendizaje, praxias, gnosias control ejecutivo.

DESARROLLO DE LA ACTIVIDAD

El reto de esta sesión se va a mostrar en forma de corazón. Cada niño/a tendrá encima de su mesa un corazón, cada uno con un color diferente. Al entrar en el aula dejaremos que se acerquen, lo vean, se pregunten entre ellos y luego nos sentaremos todos juntos en el suelo para comentar qué es eso que tenían todos encima de sus mesas. Una vez introducido el tema del amor, comenzaremos con la clase de filosofía con la narración de una historia "La gran fábrica de palabras". Durante esta dinámica se cuenta la historia de dos niños que se enamoran y que viven en un lugar llamado "La gran fábrica de las palabras", en el que las palabras solo se pueden obtener con dinero, pero ambos no lo tenían.

Mediante este cuento, los niños se dan cuenta de que el amor es algo más que importante, necesario, y que todos y todas nos podemos amar. Pero, el amar a alguien puede implicar ser amigo de alguien, aunque la amistad y el amor no signifiquen lo mismo, sí está relacionado. Así, a través de la Filosofía los niños aprenden a debatir sobre el amor, la amistad, las diferencias existentes y extraer sus conclusiones sobre aquello que les incumbe, sobre sus situaciones y vivencias en primera persona.

Una vez leída la historia, se procederá a plantear las siguientes preguntas: ¿Quién es Oriol y qué le pasa?, ¿De quién se ha enamorado?, ¿Qué palabra le hubiese gustado decirle a Ariadna?, ¿Por qué no puede decírsela?, ¿Es lo mismo el amor que la amistad? ¿Qué es el amor?, ¿Qué es la amistad?, etc.

De esta forma, podrán ir surgiendo cualquier tipo de preguntas que dirijan el diálogo y en función de las necesidades de los niños y las niñas.

EVALUACIÓN
- Saben identificar y exponer las emociones y los sentimientos reflejados en el cuento.
- Dialogan y argumentan las vivencias del cuento.
- Identifican momentos del cuento con la vida cotidiana.

MATERIALES
"La gran fábrica de las palabras". Corazones de colores.

RECURSOS

PERSONALES
Docente

ORGANIZATIVAS
Buscar y trabajar el libro anteriormente. Dejar la clase lista con los corazones encima de sus mesas. En cuanto al momento de la lectura a través de la filosofía, se utilizará el uso de normas previas como siempre y la relajación para el inicio de la sesión, en un espacio del aula acogedor.

FILOSOFÍA EN EL AULA II

ACTIVIDAD 6.1.: Realizamos un collage de Frida.

TEMPORALIZACIÓN
1 H Y 20 MIN

MULTIDISCIPLINAR
Se trabajará de manera globalizada.

OBJETIVOS
- Fomentar la estimulación sensorial a través de talleres para la creación de nuestro museo.
- Enseñar la importancia de la naturaleza e implicar a los infantes en el medio ambiente con el propósito de conectar ésta con otras áreas como la expresión plástica.

FUNCIONES EJECUTIVAS
Desarrollar las funciones ejecutivas a través de la expresión de emociones. (Atención, percepción, comprensión, memoria, lenguaje, velocidad de procesamiento, orientación, razonamiento, aprendizaje, praxias, gnosias control ejecutivo.

DESARROLLO DE LA ACTIVIDAD

El propósito es que el alumnado a través de la expresión plástica y musical pueda expresar sus emociones y sentimientos tal y como lo hacía la artista Frida Kahlo. Se les proporcionará un mural con un dibujo (autorretrato) de la misma y rotulado: La vida de Frida kahlo que previamente los niños colorearán.

Los infantes deben realizar un collage en un mural a través de uno de los autorretratos de Frida ya conocido por éstos para que posteriormente, peguen fotografías, recortes de revistas y periódicos y además, pintan con pincel. Para el fondo del mural podrán utilizar hojas de árboles que ellos mismos recogerán inculcándoles la implicación en el medio ambiente y la importancia de su cuidado, etc., la elaboración de flores, mariposas de colores que podrán pintar. Se les dará la explicación previamente. Se utiliza música de la naturaleza relajante para que puedan disfrutar del momento, experimentar y sentir lo que la música y el ambiente les promueve.

Finalmente, el mural se colgará en el aula para la creación de nuestro museo.

EVALUACIÓN
- Potencian su creatividad y trabajan la motricidad fina.
- Se implican con el medio ambiente y la naturaleza.

MATERIALES
papel contínuo, fotografías, recortes de revistas, pinceles, pinturas, hojas de los árboles, flores y mariposas pintadas y música de ambiente.

RECURSOS

PERSONALES
Docente

ORGANIZATIVAS
Preparación del mural con el dibujo de una obra de Frida Kahlo. Utilizaremos el aula de infantil para realizar la actividad de forma grupal.

NOS INSPIRAMOS

ACTIVIDAD 7: Algunas frases de Frida

TEMPORALIZACIÓN
1H Y 20 MIN

MULTIDISCIPLINAR
Se trabajará de manera globalizada.

OBJETIVOS
- Trabajar el pensamiento crítico, la reflexión a través de frases de la propia artista con la finalidad de que los infantes empaticen y dialoguen sobre la vida, la muerte, la libertad…

FUNCIONES EJECUTIVAS
Desarrollar las funciones ejecutivas a través de la expresión de emociones. (Atención, percepción, comprensión, memoria, lenguaje, velocidad de procesamiento, orientación, razonamiento, aprendizaje, praxias, gnosias control ejecutivo.

DESARROLLO DE LA ACTIVIDAD

En el reto de esta sesión vamos a descubrir algunas frases de Frida Kahlo. Ella escribía sus emociones, no solamente las dibujaba. Estas frases estarán escondidas por el patio y el alumnado deberá de encontrarlas. Los infantes empiezan a conocer que pretende expresar la artista, como se sentía… Una vez las encuentren entramos al aula a empezar con la filosofía. Las frases que se utilizarán serán:

"Pies para que los quiero si tengo alas para volar", "El arte es vida", "Nunca pinto sueños o pesadillas, pinto mi propia realidad"

Una vez ya sabemos qué frases son de Frida, comienza la clase de filosofía.
Les presentaremos otra vez las frases pero ahora acompañadas de láminas en las que sale la artista. En cada una de las láminas/frase se les realizará preguntas como:
"¿Qué quiere decir Frida con esa frase?", "¿Cómo creéis que se sentía si decía eso?", "¿Por qué dice que puede volar?", "¿Se puede pintar la realidad?", "¿Imaginar es algo bonito o feo?"
Además, también dejaremos que el propio alumnado pueda proponer preguntas, además, en función de sus respuestas se podrá ir realizando otras preguntas o contando anécdotas personales donde se vean reflejados.
Una vez reflexionemos sobre las tres frases, les diremos lo que de verdad quieren significar esas palabras.

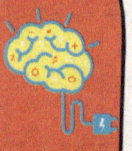

- Primera frase -> Relacionada con el accidente que ella sufrió y cómo cuando estaba en cama ella imaginaba todo lo que un día haría
- Segunda frase -> Frida quiere reflejar que, aunque en ocasiones haya momentos difíciles hay que amar la vida a pesar de que nos sintamos tristes. Esta frase la relacionaremos con la obra Viva la vida, donde Frida lo marca en una de las sandías.
- Tercera frase -> Frida expresa que la vida son aquellos momentos que tenemos, sean tanto buenos como malos, pero que son los momentos que hacen nuestra realidad.

EVALUACIÓN

- Trabajan el pensamiento crítico y la reflexión a través de la propia artista.
- Dialogan sobre la vida, muerte, la libertad de Frida Kahlo.

MATERIALES

frases de Frida Kahlo, frases de películas, láminas con imágenes de Frida, vela.

RECURSOS

PERSONALES
Docente

ORGANIZATIVAS
Realizaremos la actividad utilizando todo el espacio del aula, para terminar todos juntos debatiendo en la clase de filosofía. Para ello se utilizará el uso de normas previas como siempre y la relajación para el inicio de la sesión, en un espacio del aula acogedor.

ÚLTIMA PINCELADA

ACTIVIDAD 8: contamos un cuento: Si la mare diu Blanc, el pare diu Negre de Pilar Serrano Burgos

TEMPORALIZACIÓN
1 H Y 20 MIN

MULTIDISCIPLINAR
Se trabajará de manera globalizada.

OBJETIVOS
- Despertar la curiosidad a través de un reto ante planteamientos y propuestas motivadoras que les inviten a la participación y experimentación.
- Fomentar la resolución de problemas, extraer conclusiones, aprender de los acontecimientos, etc., estableciendo relaciones causales y lógicas a través de los cuentos.
- Inculcar las ODS como las desigualdades que se pueden presentar entre la pareja favoreciendo aportar conclusiones y respuestas entre los infantes con la finalidad de calmar sus inquietudes.
- Empatizar con los demás ante situaciones diversas a través del diálogo y la reflexión..

FUNCIONES EJECUTIVAS
Desarrollar las funciones ejecutivas a través de la expresión de emociones. (Atención, percepción, comprensión, memoria, lenguaje, velocidad de procesamiento, orientación, razonamiento, aprendizaje, praxias, gnosias control ejecutivo.

DESARROLLO DE LA ACTIVIDAD

El reto propuesto en esta sesión va a ser, por grupos, la realización de un rompecabezas. Pero no un simple rompecabezas, si no uno que no van a poder terminar porque las piezas al final no van a encajar. cuando todos veamos que no podemos completarlos, nos sentaremos en la asamblea para hablar de ello. ¿Qué ha pasado? ¿Por qué no encajan? ¿Si son del mismo puzzle por qué no van en ese sitio? En este momento introduciremos reflexiones sobre que hay cosas que a veces, llega un punto que no encajan, que nos dejan de gustar, que las cambiamos de sitio y funcionan. Explicando y mostrando, como unas piezas de un puzzle si que pueden completar otro.

Seguidamente, les mostraremos un cuento que trabaja la separación de los padres de una forma divertida. Cuenta con argumentos que ayudan a los infantes a conocer diferentes situaciones que pueden presentarse cuando los padres se separan y cómo afrontarlas. La finalidad es que todos los niños y niñas, a través del diálogo, la reflexión y el entendimiento, expresen sus emociones, cuenten sus experiencias y trabajen un tema influyente en sus vidas, el desamor. Este libro es "Si la mare diu Blanc, el pare diu Negre".

¿Quién puede contar qué ocurre en esta historia? ¿Qué les pasa a los papás al principio?
Primero eran amigos, se llevaban bien, estaban enamorados, hacían cosas juntas, cuidaban el uno del otro, ("El amor"). Pero, también puede ser que llegue un día qué los papás no se pongan de acuerdo en todo y discutan y se enfaden, ¿Por qué motivos pueden discutir o enfadarse los papás? ("El desamor y las desigualdades"). Por esto, algunos padres y madres deciden separarse ¿Por qué pensáis que lo hacen? ¿Pensáis que es lo mejor para ellos y para vosotros? ¿Por qué?, ¿Cómo os sentís?, ¿Cómo os sentiríais?

Pese a ser un tema un poco delicado para ellos/ellas, también se dieron cuenta de algo mágico, y es que pese a vivir separados, los mejores momentos y las fechas más importantes las vivían con los dos. Tenían doble celebración de cumpleaños, dos casas donde pasar las navidades, las vacaciones, viajaban también con ambos. De esta forma, se dieron cuenta de que lo importante de todo es que podemos sentirnos tristes y expresar nuestras emociones, sabiendo siempre que, los padres son más felices separados en estas ocasiones, y ellos/as van a seguir compartiendo experiencias siempre que quieran, siempre recibiendo el amor que necesitan

EVALUACIÓN
- Participan y experimentan ante la presentación de un reto.
- Son capaces de resolver problemas y extraer conclusiones a través de los cuentos.
- Responden positivamente ante los ODS.
- Empatizan con los demás ante situaciones diversas, respetando y compartiendo a través del diálogo y la reflexión.

MATERIALES
Libro "Si la mare diu Blanc, el pare diu Negre" de Pilar Serrano Burgos.

RECURSOS
PERSONALES
Maestra

ORGANIZATIVAS
Estudiando el contexto social de los alumnos/as, propondremos una lectura a través de una clase de filosofía. Se utilizará el uso de normas previas como siempre y la relajación para el inicio de la sesión, en un espacio del aula acogedor.

ÚLTIMA PINCELADA

ACTIVIDAD 8.1: ¡Creamos la casa de Frida Kahlo!

TEMPORALIZACIÓN
1H Y 20 MIN

MULTIDISCIPLINAR
Se trabajará de manera globalizada.

OBJETIVOS
- Despertar la curiosidad mediante la presentación de un libro creado favoreciendo su manipulación permitiéndoles conocer la cultura mexicana.
- Compartir historias que promuevan la curiosidad.
- Experimentar y conocer cómo se planta una semilla para dar vida a una planta, su cuidado... como parte de la decoración del museo a realizar.
- Favorecer la expresión plástica mediante la elaboración de la decoración de maceteros de barro.
- Promover la música como medio de expresión y su cultura.

FUNCIONES EJECUTIVAS
Desarrollar las funciones ejecutivas a través de la expresión de emociones. (Atención, percepción, comprensión, memoria, lenguaje, velocidad de procesamiento, orientación, razonamiento, aprendizaje, praxias, gnosias control ejecutivo.

DESARROLLO DE LA ACTIVIDAD

Los niños/as pintan la casa de Frida Kahlo en la que ahora, después de fallecida, se ha convertido en un museo que todos visitan. Pero ¿qué hay dentro de ella ahora?, a través de distintas fotografías impresas en forma de libro creado por nosotras, los niños/as conocen mejor qué hay en el mismo, además de su explicación que da pie al debate.

La finalidad es que todos expresen sus emociones a través de la pintura y la música, y para ello, se les ayuda a conocer cómo es por fuera la casa y qué colores se utilizan en México ya familiarizados previamente ante otras dinámicas.

Actualmente, la casa de Frida es el museo donde podemos ver todas sus obras, sus enseres más importantes y característicos y sobre todo saborear su esencia, la propia de México. Por este motivo, nuestro museo debe tener ese toque de hogar que tanto la caracteriza, debemos traer al aula una parte de la casa de Frida. Para ello, se les muestra un cuento sobre el museo de la casa de Frida, en el que pueden observar su decoración y aquello que se sigue preservando en ella como si fueran los tesoros más preciados de la artista. De esta forma, se van a dar cuenta de que uno de los objetos más significativos en esta casa son sus maceteros hechos de barro, conocidos en México por estar en la mayoría de patios exteriores e interiores de las casas. Iniciaremos así, un taller de maceteros, facilitándoles un atril y colocaremos una foto con diferentes propuestas a pintar los maceteros que les sirva de guía para decorarlos, así como una explicación de cómo poder pintarlos, con rayas, lisos, con puntitos, etc.. La elección de pintar el macetero será bajo el criterio de los niños, siempre y cuando sigan las pautas recomendadas teniendo en cuenta los colores mexicanos. Con pinceles, y diferentes colores, los niños podrán ir decorando sus respectivos maceteros que posteriormente colocaremos en la casa de Frida. Se utilizará la música mexicana como medio de expresión.

Una vez los maceteros estén listos, plantaremos en ellos lentejas para dar así más vida a nuestro patio interior y conocer cómo crecen las plantas y su cuidado.

EVALUACIÓN
- Conocen la cultura mexicana mediante la manipulación del libro creado.
- Conocen cómo se planta una semilla.
- Realizan los pasos de plantación de la semilla.
- Potencian su expresión plástica mediante la elaboración de la decoración de maceteros de barro.
- Utilizan la música como medio de expresión.

MATERIALES
Fotografías impresas, maceteros, pinturas, lentejas y agua.

RECURSOS

PERSONALES
Maestra y maestra de apoyo

ORGANIZATIVAS
Se dispondrá de un macetero para cada alumno/a. Se aprovechará toda el aula, donde cada uno podrá disfrutar del espacio que quiera para pintar.

ÚLTIMA PINCELADA

ACTIVIDAD 8.2 ¡Creamos la casa de Frida Kahlo!

TEMPORALIZACIÓN
1 H Y 20 MIN

MULTIDISCIPLINAR
Se trabajará de manera globalizada.

OBJETIVOS
- Conocer la casa de Frida Kahlo a través de una historia y un vídeo.
- Elaborar la fachada del museo de Frida a través de la expresión artística.
- Indagar y experimentar a través de las tics el museo de Frida

FUNCIONES EJECUTIVAS
Desarrollar las funciones ejecutivas a través de la expresión de emociones. (Atención, percepción, comprensión, memoria, lenguaje, velocidad de procesamiento, orientación, razonamiento, aprendizaje, praxias, gnosias control ejecutivo.

DESARROLLO DE LA ACTIVIDAD

A través de dicho cuento llamado: "Frida", que se trabajó en la actividad anterior, les permitirá conocer la casa de Frida. A día de hoy, es un museo y en ella vivió y murió.

Para comenzar la actividad se les cuenta que:
En la antigua casa de Frida Kahlo se pueden encontrar ahora no solo sus cuadros pintados, sino que también, se puede sentir y ser partícipes del dolor al que la artista estuvo sometida desde su niñez. Obras en las que la artista reflejaba su verdad e historia. Es por esto que, en esta bonita casa se puede observar sus vestidos más preciados; sus joyas, ya que le gustaba coleccionarlas; libros y juguetes de cuando era niña; objetos como vasijas, platos y maceteros de cerámica, pintados propios de la cultura mexicana; su cama y su espejo en la que pintaba durante mucho tiempo, etc. Se les ofrecen diferentes tabletas para que puedan acceder a través del siguiente link, al museo de manera virtual y puedan observarlo. Apartado de recorridos. https://www.museofridakahlo.org.mx/es/

Finalmente, para su elaboración les ofreceremos diferentes materiales que acompañan al estilo mexicano como: un papel continúo en el que la casa estará dibujada y deberán pintar con rodillo y pinceles. La música mexicana sonará de fondo para su acompañamiento.

Posteriormente, la colocaremos en una zona del aula, para que los niños y niñas puedan acceder a ella a través de su puerta movible. Así, para su decoración, utilizarán diferentes recortes de revista que pegarán sobre ella como: un gorro mexicano, cuadros y fotografía de la vida de la artista, recuerdos, etc., y por último, se añadirán los maceteros pintados con los colores de México y que en el museo real, se dejan ver en el patio exterior.

EVALUACIÓN
- Conocen la casa de Frida a través de un historia y un vídeo.
- Elaboran la fachada del museo, casa de la artista, a través de la expresión plástica.
- Indagan y experimentan mediante las tics como es el museo de Frida.

MATERIALES
Fotografías impresas en formato de libro, el cuento de "Frida", papel continuo con la casa de Frida dibujada, pinceles, pinturas y rodillos, recortes de revista, maceteros de la actividad anterior, uso de Tablets y música mexicana para actividad de expresión plástica.

RECURSOS

PERSONALES
Maestra y maestra de apoyo

ORGANIZATIVAS
Utilizaremos todo el espacio para llevar a cabo la actividad y trabajaremos todos en equipo. Para el uso de las tablets se les ofrecerá una historia previa y la explicación del uso de las mismas y así puedan indagar conduciéndoles a recorridos virtuales del museo.

¡CONOCE NUESTRO MUSEO!

ACTIVIDAD 9: Invitamos a las familias a conocer nuestro museo - visita guiada a la familia.

TEMPORALIZACIÓN
1 H Y 20 MIN

MULTIDISCIPLINAR
Se trabajará de manera globalizada.

OBJETIVOS
- Fomentar la participación de las familias creando lazos familia- escuela- alumno/a para el refuerzo afectivo y la estabilidad emocional partiendo de las experiencias vividas durante el proyecto.
- Compartir y mostrar lo aprendido de manera cooperativa, y a través de su propio museo, aprendiendo a aceptar y a respetar las ideas y conclusiones de los demás.

FUNCIONES EJECUTIVAS
Desarrollar las funciones ejecutivas a través de la expresión de emociones. (Atención, percepción, comprensión, memoria, lenguaje, velocidad de procesamiento, orientación, razonamiento, aprendizaje, praxias, gnosias control ejecutivo.

DESARROLLO DE LA ACTIVIDAD

Es el momento esperado y en el que tanto los niños y niñas como las familias esperan mostrar y conocer todo aquello que se ha ido aprendiendo y elaborando durante el proyecto. Compartir momentos y experiencias durante este tiempo de dedicación, alegrías, motivación por parte de todos.

Una semana antes se realizará una carta informativa comunicándoles la fecha de invitación a nuestro museo (anexo 4)

Serán reunidos todos los familiares en la puerta del aula, donde el alumnado les estará esperando dentro. Se colocará una luz tenue al principio para hacer una entrada con sorpresa. Posteriormente se encenderá la luz y el alumnado estará dentro esperando vestidos con el gorro del pintor, la bata...

Una vez reunidos, el alumnado se dividirá en 7 grupos (uno por cada sesión) que se dividirán por el aula y con ayuda de la maestra se irá explicando por turnos lo que se ha ido realizando, lo que han aprendido, en que han participado, cómo se han sentido... Cada grupo sabrá de lo que hablar trabajado previamente con ayuda de la maestra.

En segundo lugar, los padres también tendrán la oportunidad de realizar preguntas a los niños/as.

EVALUACIÓN
- Participa creándose lazos familia- escuela- alumno/a para el refuerzo afectivo y la estabilidad emocional partiendo de las experiencias vividas durante el proyecto.
- Comparte y muestra lo aprendido de manera cooperativa, y a través de su propio museo, aprendiendo a aceptar y a respetar las ideas y conclusiones de los demás.

MATERIALES
Bata y gorro del pintor y toda el aula decorada con los diferentes materiales.

RECURSOS

PERSONALES
Maestra y maestra de apoyo

ORGANIZATIVAS
El aula se convertirá en un museo, donde habrá diferentes rincones elaborados durante el proyecto por los infantes.

¿SABÍAS QUÉ? ... LIBROS, CUENTOS, WEBS Y ALGO DE LEGISLACIÓN, ¡POR SI TE INTERESA!

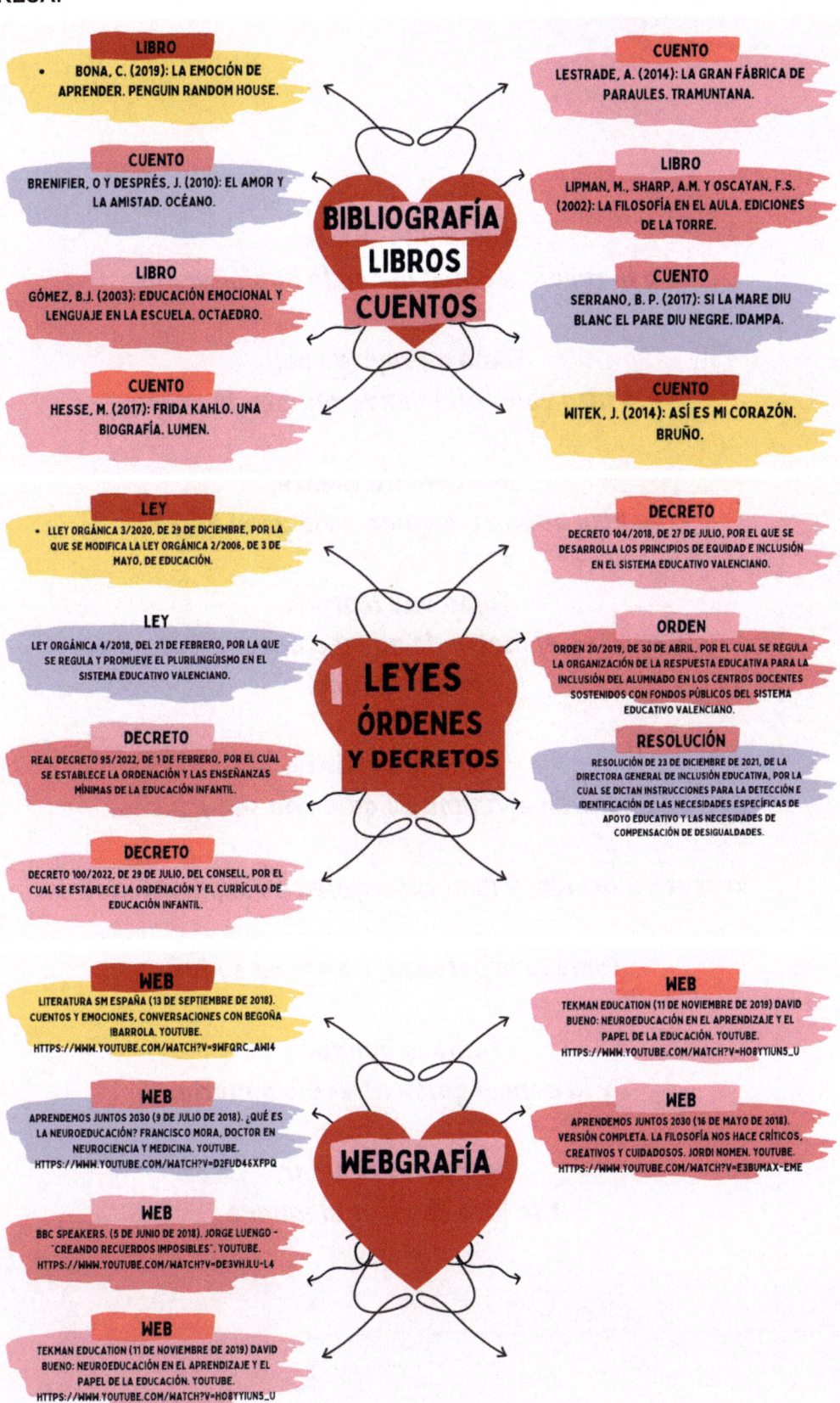

BIBLIOGRAFÍA LIBROS CUENTOS

LIBRO
- BONA, C. (2019): LA EMOCIÓN DE APRENDER. PENGUIN RANDOM HOUSE.

CUENTO
LESTRADE, A. (2014): LA GRAN FÁBRICA DE PARAULES. TRAMUNTANA.

CUENTO
BRENIFIER, O Y DESPRÉS, J. (2010): EL AMOR Y LA AMISTAD. OCÉANO.

LIBRO
LIPMAN, M., SHARP, A.M. Y OSCAYAN, F.S. (2002): LA FILOSOFÍA EN EL AULA. EDICIONES DE LA TORRE.

LIBRO
GÓMEZ, B.J. (2003): EDUCACIÓN EMOCIONAL Y LENGUAJE EN LA ESCUELA. OCTAEDRO.

CUENTO
SERRANO, B. P. (2017): SI LA MARE DIU BLANC EL PARE DIU NEGRE. IDAMPA.

CUENTO
HESSE, M. (2017): FRIDA KAHLO. UNA BIOGRAFÍA. LUMEN.

CUENTO
WITEK, J. (2014): ASÍ ES MI CORAZÓN. BRUÑO.

LEYES ÓRDENES Y DECRETOS

LEY
- LLEY ORGÁNICA 3/2020, DE 29 DE DICIEMBRE, POR LA QUE SE MODIFICA LA LEY ORGÁNICA 2/2006, DE 3 DE MAYO, DE EDUCACIÓN.

DECRETO
DECRETO 104/2018, DE 27 DE JULIO, POR EL QUE SE DESARROLLA LOS PRINCIPIOS DE EQUIDAD E INCLUSIÓN EN EL SISTEMA EDUCATIVO VALENCIANO.

LEY
LEY ORGÁNICA 4/2018, DEL 21 DE FEBRERO, POR LA QUE SE REGULA Y PROMUEVE EL PLURILINGÜISMO EN EL SISTEMA EDUCATIVO VALENCIANO.

ORDEN
ORDEN 20/2019, DE 30 DE ABRIL, POR EL CUAL SE REGULA LA ORGANIZACIÓN DE LA RESPUESTA EDUCATIVA PARA LA INCLUSIÓN DEL ALUMNADO EN LOS CENTROS DOCENTES SOSTENIDOS CON FONDOS PÚBLICOS DEL SISTEMA EDUCATIVO VALENCIANO.

DECRETO
REAL DECRETO 95/2022, DE 1 DE FEBRERO, POR EL CUAL SE ESTABLECE LA ORDENACIÓN Y LAS ENSEÑANZAS MÍNIMAS DE LA EDUCACIÓN INFANTIL.

RESOLUCIÓN
RESOLUCIÓN DE 23 DE DICIEMBRE DE 2021, DE LA DIRECTORA GENERAL DE INCLUSIÓN EDUCATIVA, POR LA CUAL SE DICTAN INSTRUCCIONES PARA LA DETECCIÓN E IDENTIFICACIÓN DE LAS NECESIDADES ESPECÍFICAS DE APOYO EDUCATIVO Y LAS NECESIDADES DE COMPENSACIÓN DE DESIGUALDADES.

DECRETO
DECRETO 100/2022, DE 29 DE JULIO, DEL CONSELL, POR EL CUAL SE ESTABLECE LA ORDENACIÓN Y EL CURRÍCULO DE EDUCACIÓN INFANTIL.

WEBGRAFÍA

WEB
LITERATURA SM ESPAÑA (13 DE SEPTIEMBRE DE 2018). CUENTOS Y EMOCIONES, CONVERSACIONES CON BEGOÑA IBARROLA. YOUTUBE.
HTTPS://WWW.YOUTUBE.COM/WATCH?V=9WFQRC_AWI4

WEB
TEKMAN EDUCATION (11 DE NOVIEMBRE DE 2019) DAVID BUENO: NEUROEDUCACIÓN EN EL APRENDIZAJE Y EL PAPEL DE LA EDUCACIÓN. YOUTUBE.
HTTPS://WWW.YOUTUBE.COM/WATCH?V=HO8YYIUN5_U

WEB
APRENDEMOS JUNTOS 2030 (9 DE JULIO DE 2018). ¿QUÉ ES LA NEUROEDUCACIÓN? FRANCISCO MORA, DOCTOR EN NEUROCIENCIA Y MEDICINA. YOUTUBE.
HTTPS://WWW.YOUTUBE.COM/WATCH?V=D2FUD46XFPQ

WEB
APRENDEMOS JUNTOS 2030 (16 DE MAYO DE 2018). VERSIÓN COMPLETA. LA FILOSOFÍA NOS HACE CRÍTICOS, CREATIVOS Y CUIDADOSOS. JORDI NOMEN. YOUTUBE.
HTTPS://WWW.YOUTUBE.COM/WATCH?V=E3BUMAX-EME

WEB
BBC SPEAKERS. (5 DE JUNIO DE 2018). JORGE LUENGO - "CREANDO RECUERDOS IMPOSIBLES". YOUTUBE.
HTTPS://WWW.YOUTUBE.COM/WATCH?V=DE3VHJLU-L4

WEB
TEKMAN EDUCATION (11 DE NOVIEMBRE DE 2019) DAVID BUENO: NEUROEDUCACIÓN EN EL APRENDIZAJE Y EL PAPEL DE LA EDUCACIÓN. YOUTUBE.
HTTPS://WWW.YOUTUBE.COM/WATCH?V=HO8YYIUN5_U

Y COLORÍN COLORADO, ESTE CUENTO SE HA ACABADO. ¿TE HA GUSTADO?

*Tomó una sonrisa,
y la regaló a quién nunca la había tenido.*

*Tomó un rayo de sol,
y lo hizo volar allá donde reinaba la noche.*

*Descubrió la fuente,
e hizo bañarse a quien vivía en el barro.*

*Tomó una lágrima,
y la puso en el rostro de aquel o aquella que nunca había llorado.*

*Tomó la valentía,
y la puso en el ánimo de quién no sabía luchar.*

Descubrió la vida, y la narró a quien no supo entenderla.

Tomó la esperanza, y vivió en su luz.

*Tomó la bondad,
y la donó a quien no sabía donarla.*

*Descubrió el amor,
Y le hizo conocer al mundo*

Pido *disculpas* por las ropas sucias, manos y otras partes del cuerpo con pintura u otras sustancias, solo he pretendido que aprendieran, se divirtieran y **dibujaran una sonrisa de felicidad en sus rostros**, ya que para mí no hay aprendizaje sin emoción.

Pero sobre todo nos dirigimos a **nuestros niños/as**, pues es el momento de despedirnos de esta etapa. El **bonito viaje** que comenzamos juntos **llegó a su fin**. No debe ser un momento triste pues significa que habéis crecido, por dentro y por fuera, y *estáis listos* para **continuar el camino**.

Aún recordamos como muchos de vosotros llegasteis bien *pequeñitos* con el **miedo reflejado en vuestro rostro**, agarrados a mamá y con el llanto desconsolado que nos arrancaba el alma a todas. Hoy ya nada de eso existe, y eso nos llena de *orgullo*.

Orgullo de veros **entrar cada mañana con vuestra sonrisa dibujada**, con ganas de contarnos vuestras cosas, orgullo de ver cómo nos saludáis a nosotras y a vuestros compañeros, cómo os *echáis de menos* cuando alguno falta y cómo nos habéis recibido cuando las *señas* hemos estado enfermas. **Orgullo de todo** lo que habéis **aprendido**, de vuestras caras de entusiasmo con cada una de las actividades que os hemos preparado, y las recibíais como si cada día fuera una *sorpresa*. Orgullo de tener el **privilegio de poder escuchar** vuestras ilusiones y sueños y también vuestras tristezas y miedos, orgullo porque a veces, por descuido, nos llamáis *mamá*, orgullo por **haber compartido** tantas risas, lágrimas, bailes y abrazos. Orgullo por **escucharos hablar** cuando hace tan solo unos años apenas decíais palabras.

Por tantos momentos compartidos... Orgullo.

Por todo ello os damos las **gracias**, pero **sobre todo** por enseñarnos a querer ser *mejor para vosotros*, como persona y como maestras, querer seguir aprendiendo y buscando para ofreceros lo mejor, por hacernos recordar la chispa que un día nos hizo elegir esta *profesión*.

Estoy segura de que ejerzo la **profesión más bonita del mundo...** pero cuando la elegimos nadie nos contó lo difícil que nos iba a resultar *desprendernos* cada fin de etapa, en cada despedida, **de un trocito de nosotras**.

Ahora, soltamos vuestras manos para que emprendáis un *nuevo camino*, en una **nueva etapa**. Os deseamos mucha suerte a todos, no os decimos adiós porque **siempre estaremos ahí** si alguna vez nos necesitáis.

La seño María Jesús

.

¡Feliz verano y feliz vida!

Cosquillas, cosquillas
A las nubes les hago cosquillas
Una vuelta y voy a aplaudir
Y ahora te hago cosquillas a ti.
No hay nada mejor que hacer reír
Traigo una cosquilla para ti
Busca la alegría, vive cada día
Siente tu corazón latir.
Cada día cuando sale el sol
Siempre está naciendo una flor
Desde las rodillas, suben las cosquillas
Cuando florece el amor.
Cosquillas, cosquillas
A las nubes les hago cosquillas
Una vuelta y voy a aplaudir.

Y ahora te hago cosquillas a ti

PROYECTOS NEUROEDUCATIVOS

PRIMARIA

Toni García Arias (Prólogo)
Mejor Docente de España - Educación Primaria

En el amplio y fascinante mundo de la educación, existe un espacio incomparable donde se entrelazan la transmisión de conocimientos, el desarrollo de las habilidades sociales y emocionales y el fomento de la curiosidad y la creatividad. Ese espacio es el aula.

El aula de un colegio es un universo mágico, un lienzo en blanco lleno de posibilidades infinitas. Al mismo tiempo, el aula es un refugio acogedor donde convergen las mentes curiosas y los corazones llenos de ilusión. Es el epicentro donde los sueños y las metas toman forma, donde los lazos se tejen, donde todas las historias se entrelazan formando una red invisible de relaciones, ilusiones y sueños. En ese espacio mágico que es el aula, los conocimientos se fusionan con las experiencias vitales y se concretan en aprendizajes que nos conducen a la sabiduría. Sin embargo, para que todo ello sea posible, es fundamental la intervención de la persona que funcionará como disparadora de toda esa magia: el docente.

Como siempre comento cada vez que tengo oportunidad a través de mis charlas y entrevistas, el mejor recurso educativo que tiene la enseñanza es el docente. Un docente transformador, un docente motivador, un docente que irradie ilusión por aprender a sus alumnos, que atienda a sus necesidades posibilitando el desarrollo de sus potencialidades, es -sin lugar a dudas- el mejor recurso que tiene la educación para fomentar el éxito educativo de todos sus alumnos. Porque un docente es, al fin y al cabo, un faro de conocimiento que ilumina el camino de sus estudiantes con pasión y dedicación, un alma que nutre los corazones y las mentes de sus alumnos, moldeando sueños y forjando de algún modo sus destinos.

Aunque es importante destacar el valor de los conocimientos en la educación, ya que son la base sobre la que se sustenta el aprendizaje, cabe recordar que la educación va más allá de la mera transmisión de información. La educación es un proceso dinámico y en constante transformación que requiere de enfoques pedagógicos innovadores y creativos, donde los alumnos puedan alcanzar el aprendizaje de diversas formas y a través de diferentes metodologías. En este sentido, la experimentación dentro el aula se convierte en una herramienta inigualable para los docentes, ya que nos permite probar nuevas estrategias, introducir nuevas metodologías y utilizar nuevos recursos. La experimentación se convierte así en un catalizador del aprendizaje significativo y profundo, donde los alumnos aprenden no solo participando pasivamente en el aula, sino también haciendo.

Con este libro que ahora tienes en tus manos se pretende precisamente eso: poner a disposición del lector un compendio de situaciones de aprendizaje diseñadas por diversos profesores comprometidos con el desarrollo integral de sus alumnos, conscientes de la importancia de adaptar la enseñanza a las realidades y necesidades individuales y de proporcionar un entorno de experimentación en el aula que impulse el crecimiento y la transformación.

Todas las situaciones de aprendizaje presentadas en este libro son el resultado del compromiso y la pasión de los profesores participantes por brindar experiencias enriquecedoras y relevantes para sus alumnos. Cada situación ha sido cuidadosamente diseñada y elaborada para estimular la curiosidad, promover el pensamiento crítico y fomentar la colaboración entre los estudiantes. Estas experiencias no solo se centran en los contenidos académicos, sino que también abordan habilidades socioemocionales, como la empatía, el trabajo en equipo y la resolución de conflictos. Y todo ello -algo que es fundamental y que aporta sin lugar a dudas más valor a este libro-, desde una perspectiva personal y personalizada, sin las ataduras de los documentos burocráticos, de tal modo que el diseño adquiere aún mayor relevancia gracias al grado de libertad de elección y acción que permite que cada maestro diseñe las situaciones de aprendizaje del modo que considere más efectivo según su experiencia. Por ello, a lo largo de este libro encontrarás diferentes modos de abordar las diferentes situaciones de aprendizaje propuestas.

Sin embargo, como no podría ser de otro modo, estas situaciones no pretenden ser recetas estáticas, sino que nos ofrecen una base sólida sobre la cual construir y adaptar dichas situaciones de aprendizaje a las características y necesidades de nuestros propios alumnos. En última instancia, se trata de un libro dirigido a empoderar al docente, brindándote herramientas y recursos para marcar la diferencia en la vida de sus estudiantes.

A través de estas más de 300 páginas, te recomiendo que te dejes sumergir en un viaje transformador, donde la educación se convierte en un proceso dinámico, emocionante y en constante evolución. Descubrirás cómo los docentes, a través de estas situaciones de aprendizaje, han sido capaces de generar un impacto profundo en la vida de sus alumnos, no solo en el ámbito académico, sino también en su desarrollo personal y en su capacidad para enfrentar los desafíos que les depara el futuro. Se trata, por tanto, de uno de esos libros de cabecera de los que echar mano cada vez que queramos aplicar en nuestra aula nuevas experiencias que conviertan ese espacio de cuatro paredes en un mundo mágico sin límites ni fronteras.

El poder transformador del docente en las situaciones de aprendizaje

Printed in Great Britain
by Amazon